Erhard Dietl

Krötige Witze

Mit Illustrationen des Autors

Oetinger Taschenbuch

Außerdem bei Oetinger Taschenbuch erschienen:

Witze aus der Pfütze

Das Papier dieses Buches ist FSC®-zertifiziert und wurde von
Arctic Paper Mochenwangen zu 25 % aus de-inktem Altpapier
und zu 75 % aus FSC®-zertifiziertem Holz hergestellt.
Der FSC® ist eine nicht staatliche, gemeinnützige
Organisation, die sich für eine ökologische und
sozialverantwortliche Nutzung unserer Wälder einsetzt.

Originalausgabe
1. Auflage 2013
© Oetinger Taschenbuch GmbH, Hamburg
April 2013
Alle Rechte vorbehalten
Titelbild und Illustrationen: Erhard Dietl
© Abbildungen: picsfive – Fotolia.com
Druck: CPI – Clausen & Bosse, Leck
ISBN 978-3-8415-0213-1

www.oetinger-taschenbuch.de

Inhalt

In der Muffelhöhle **6**

Olchiger Geburtstagsspaß **41**

Schmatz, schlürf und rülps **46**

Neulich auf der Müllhalde **62**

Geschichten aus Schmuddelfing **82**

Olchige Schülerwitze **117**

Irgendwo in der weiten Welt **134**

Olchige Fragen **151**

IN DER MUFFELHÖHLE

»Ranziger Rattenfurz, wo bleibst du so lange? Du lässt mich dauernd rufen und kommst nicht!«, schimpft Olchi-Mama.
»Ich hab dich erst gehört, als du mich zum fünften Mal gerufen hast«, entschuldigt sich das Olchi-Kind.

»Ich habe heute einen anonymen Brief bekommen«, erzählt Olchi-Mama.
»Muffelfurzspannend! Von wem?«, will Olchi-Papa wissen.

Die Olchi-Kinder streiten sich. Olchi-Opa will schlichten und fragt: »Glibbrige Rülpslaus, warum streitet ihr denn?«

Das Olchi-Mädchen erklärt: »Wir spielen: Wer die größte Lüge erzählt, bekommt ein Kalkplätzchen. Und wir können uns nicht einigen, wer gewonnen hat.«

Da erzählt Olchi-Opa: »Kinder, in eurem Alter wusste ich noch nicht einmal, was eine Lüge ist.«

Das Olchi-Mädchen blickt den Olchi-Jungen an und sagt: »Opa hat gewonnen, gib ihm das Kalkplätzchen.«

DAS OLCHI-MÄDCHEN JAMMERT: »IN MEINEM ZIMMER QUIETSCHT NACHTS EINE MAUS.« »KEIN PROBLEM«, SAGT DER OLCHI-JUNGE. »ICH KOMM GLEICH RÜBER UND ÖL SIE DIR.«

Olchi-Oma: »Warum hast du denn so klatschnasse Haare?«
Olchi-Mädchen: »Ich hab meinem Goldfisch einen Gutenachtkuss gegeben.«

Die Olchi-Kinder sitzen bei Olchi-Opa auf dem Schoß. Da fragt das eine Olchi-Kind: »Opa, was muss man tun, damit man so oberolchig alt wird wie du?«
»Also, vor allem muss man aufpassen, dass man nicht vorher stirbt«, philosophiert Olchi-Opa.

Olchi-Oma schwelgt in Erinnerungen: »Pampige Rostbeule, das waren damals vielleicht schöne Zeiten. Als Kind liebte ich es, an Winterabenden in der Stube vor knisterndem Feuer zu sitzen. Leider gefiel das meinem Vater nicht.
Er hat es verboten.«
»Warum denn?«,
wollen die Olchi-Kinder wissen.
»Nun, wir hatten keinen Kamin!«

»Oma, warum haben Elefanten rote Augen?«,
fragt das Olchi-Kind.
»Damit sie sich besser im Kirschbaum verstecken können«, erklärt Olchi-Oma.
Das Olchi-Kind wundert sich: »Bei meiner rostigen Käsesocke, aber ich hab noch nie einen Elefanten im Kirschbaum gesehen!«
»Da kannst du mal sehen, wie gut die sich verstecken!«

Das Olchi-Kind fragt den Olchi-Papa: »Wo liegt eigentlich Afrika?«
Olchi-Papa: »Da musst du den blauen Olchi fragen, der räumt doch immer alles auf!«

Olchi-Opa kommt nach Hause.
Da fragt Olchi-Oma: »Bist du per Anhalter gefahren?«
»Wieso?«
»Weil du so mitgenommen aussiehst.«

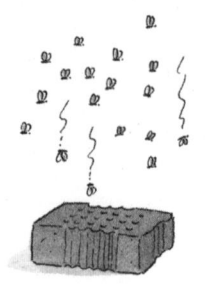

»Oh Käsefuß, Olchi-Mama nörgelt jetzt seit sieben Monaten an mir herum!«, seufzt Olchi-Papa.
»Was will sie denn dauernd?«
»Ich soll den Weihnachtsbaum wegräumen.«

DER OLCHI-JUNGE ERZÄHLT EINEN OBEROLCHIG LUSTIGEN WITZ: »SAGT EINE KERZE ZUR ANDEREN: ›WAS MACHST DU HEUT ABEND?‹ ›ICH GEHE AUS!‹«

»Erzählst du uns noch eine grausig-gruselige Geschichte?«, betteln die Olchi-Kinder.
»Na gut«, sagt Olchi-Oma. »Dann spitzt mal eure Hörhörner: Der letzte Mensch sitzt in seiner Hütte. Draußen heult der Sturm. Der Regen peitscht an die Fensterläden. Da klopft es an die Tür ...«

Olchi-Oma wundert sich ...
»Windiger Hühnerfurz, wieso heißen diese Kerzen Wachskerzen, wenn sie ständig kürzer werden?«

Olchi-Mama denkt neuerdings, sie sei eine Wahrsagerin. Vor dem Schlafengehen sagt sie zu Olchi-Papa:
»Ich bin noch gar nicht müde, komm, gib mir deine Hand, ich will noch ein bisschen lesen.«

Olchi-Papa stellt fest: »Dein Husten ist heute schon viel besser als gestern!«
Olchi-Mädchen: »Bei allen fettigen Läuserichen, das will ich hoffen. Ich habe auch die ganze Nacht geübt.«

Die schicke, stilvolle Tante Olga aus Pampendorf oben an der Nordsee ist zu Besuch. Sie trägt sieben Glasscherben-Halsketten übereinander und ein mit bunten Plastiktüten verziertes Kleid. Plötzlich beginnt das Olchi-Mädchen, an Tante Olgas Kleid zu lecken. Entsetzt starren alle sie an. Das Olchi-Mädchen erklärt: »Beim Stinkerich, du hattest recht, Mama, das Kleid ist wirklich total geschmacklos.«

Der blaue Olchi, der immer so grausig-gruselig reinlich ist, fragt: »Wascht ihr euch denn nicht?« Da sagt der Olchi-Papa: »Mistiger Frischluftfurz, nein! Wieso auch, wir erkennen uns ja an der Stimme.«

Olchi-Oma: »Glaubst du, dass es morgen regnen wird?«
Olchi-Opa: »Stinkefuß und Kleiderlaus, hängt ganz vom Wetter ab.«

»Ich hab heute mit ein paar Kindern Theater gespielt«, erzählt das Olchi-Mädchen. »Wir proben das Märchenstück ›Die Schöne und das Biest‹. Und ich habe die Hauptrolle!«
»So. Und wer spielt die Schöne?«, fragt der Olchi-Junge.

In der gemütlichen, muffeligen Olchi-Höhle hängen viele Spinnweben. Fliegt eine Fliege haarscharf an einem Spinnennetz vorbei. Sagt die Spinne ärgerlich: »Grrr, morgen erwische ich dich!«
Daraufhin die Fliege: »Denkste, ich bin eine Eintagsfliege!«

Olchi-Mama und Olchi-Papa wollen heute mit dem Drachen wegfliegen, während Olchi-Oma und Olchi-Opa auf die Kinder aufpassen sollen. Beim Abschied mahnt die Olchi-Mama: »Aber ärgert Oma und Opa nicht wieder mit den alten üblen Scherzen!« Da kann der Olchi-Junge sie ganz beruhigen: »Nein, nein, uns fällt schon etwas krötiges Neues ein!«

OLCHI-OMA LIEST IN DER ZEITUNG: »DER JAHRESKONGRESS DER WAHRSAGER MUSSTE WEGEN UNVORHERGESEHENER EREIGNISSE ABGESAGT WERDEN ...«

»Den Wievielten haben wir heute?«, möchte Olchi-Mama wissen.
»Knochenfraß und Käserich, ich habe keine Ahnung«, sagt Olchi-Papa.
»Dann schau doch in der Zeitung nach.«
»Nützt nichts, die ist von gestern.«

»WAS IST EIN VAKUUM?«, FRAGT DAS OLCHI-KIND DEN OLCHI-PAPA. »MUFFELFURZ, ICH HAB ES IM KOPF, ABER ICH KOMME GERADE NICHT DRAUF.«

Olchi-Opa zeigt ein paar Fotos von früher.
»Wer ist eigentlich der hässliche Olchi auf einigen deiner Urlaubsbilder?«, fragt Olchi-Papa.
»Das ist mein Bruder.«
»Oh, tut mir leid, das hätte ich ja auch sehen können.«

»Mäusefurz und Fliegenleim, ich glaube, unsere Olchi-Kinder haben meine Intelligenz«, sagt Olchi-Papa.
»Das kann schon sein«, antwortet Olchi-Mama. »Denn ich hab ja meine noch.«

Warum streut Olchi-Opa Pfeffer über den Fernseher?
Damit das Bild schärfer ist.

Das eine Olchi-Kind tuschelt dem anderen Olchi-Kind etwas ins Ohr. Dann sagt es: »Also, das ist ein muffelfurzgroßes, oberolchiges Geheimnis! Das darfst du niemandem weitersagen. Nur der Olchi-Mama, dem Olchi-Papa, Olchi-Oma und Olchi-Opa ... Aber sonst niemandem, hörst du?«

»Sag mal, du siehst heute so blass aus. Bist du etwa krank?«, fragt Olchi-Mama besorgt.
»Nein, ich bin aus Versehen in eine Regenwassertonne gefallen und jetzt ganz scheußlich-gruselig sauber«, sagt das Olchi-Kind traurig.

»Grrumpf-Spotz-Würg-Spei-Schleime-Schlamm-und-Käsefuß«, nörgelt Olchi-Opa. »Häng doch den Lappen vor das Höhlenloch, draußen ist es so kalt.«
»Na gut«, meint Olchi-Mama. »Und glaubst du, dass es draußen jetzt wärmer ist?«

»Wie lange willst du eigentlich zu Besuch in Schmuddelfing bleiben?«, fragt Olchi-Mama den blauen Olchi.
»Nur so lange, bis ich euch auf die Nerven falle!«
»Oh, nur so kurz!«

OLCHI-MAMA ERKUNDIGT SICH: »WIE GEHT DIE UHR, DIE DU GESTERN AUF DER MÜLLKIPPE GEFUNDEN HAST?«
»KRÖTIG GUT!«, FREUT SICH OLCHI-PAPA.
»IN EINER STUNDE SCHAFFT SIE LOCKER NEUNZIG BIS HUNDERT MINUTEN!«

Olchi-Mama wundert sich, was das Olchi-Baby wohl haben mag. Es plärrt und quäkt ausdauernd und ohne Pause. Da fragt das Olchi-Kind: »Hast du denn keine Gebrauchsanweisung dazubekommen?«

Olchi-Oma und Olchi-Opa unterhalten sich.
Olchi-Oma: »Wie wäre es, wenn wir mal wieder ins Kino gehen würden?«
Olchi-Opa: »Beim Käserich, aber da waren wir doch schon vor Kurzem!«
Olchi-Oma: »Ja, ich weiß, aber jetzt wurde der Tonfilm erfunden!«

»Oma, du musst mitspielen!«, rufen die Olchi-Kinder. »Wir spielen Zoo. Wir sind die Bären.«
»Grätziger Grützbeutel, und was soll ich sein?«, fragt Olchi-Oma.
»Du darfst die nette Besucherin spielen, die den Bären Schmuddelplätzchen in den Käfig wirft.«
Stinkerbrüh und Pferdemist, wie schön es doch im Tierpark ist!

»Spotzteufel! Zieh deiner Schwester doch nicht immer an den Haaren!«, ruft Olchi-Mama. »Mach ich doch gar nicht«, verteidigt sich der Olchi-Junge. »Sie zieht doch. Ich halte sie nur fest.«

Olchi-Papa erzählt: »Wir haben uns jetzt ein Stinktier zugelegt.«
»Und wo haltet ihr es?«
»In unserm Schlafzimmer«, antwortet Olchi-Papa.
»Und der Gestank?«
»Ach, daran muss sich das Tier eben gewöhnen!«

»Ich hab jetzt muffelfurzcoole Wasserski«, erzählt Olchi-Papa stolz. »Aber ich kann nicht fahren. Ich hab leider noch keinen abschüssigen See gefunden.«

Olchi-Papa ist heute schrecklich zerstreut. Er kommt in die Muffelhöhle hinein und sagt zu Olchi-Mama: »Gibst du mir ein ... ein Dings ... ein ... Muffelfurz, was wollte ich eigentlich? Ach, beim rotzteufligen Kotzbeutel, weißt du was, gib mir einfach irgendwas Ähnliches.«

Olchi-Oma hat Fichtennadel-Badetabletten gekauft. »Eigentlich praktisch, dieses Zeug«, sagt sie. »Es schmeckt zwar glibberpupsscheußlich, aber man erspart sich das Waschen.«

Das Olchi-Kind liegt schon im Bett und nervt Olchi-Mama, weil es dauernd herumschreit. Endlich wird es Olchi-Mama zu dumm. »Bei meiner schleimigen Schlammsocke, wenn du jetzt noch einmal ›Mama‹ schreist, kannst du was erleben!«, sagt sie. Dann ist eine lange Pause. Doch plötzlich ruft das Olchi-Kind: »Frau Müller, ich habe Durst!«

Die Olchis sitzen am Tisch und spielen Karten.
Da springt der Olchi-Junge auf und schreit: »Glibberiger Käsefurz, jetzt hab ich dich! Du spielst falsch! Du hast ein fünftes Ass aus dem Ärmel gezogen!«
»Stimmt«, sagt das Olchi-Mädchen. »Aber aus deinem Ärmel!«

»Hühnerdreck und Pferdemist, wie oft soll ich euch noch sagen, dass ihr euch nicht immer hauen sollt!«, schimpft Olchi-Papa mit seinen Olchi-Kindern. »Also, wer hat diesmal angefangen?«
»Der Olchi-Junge«, sagt das Olchi-Mädchen, »er hat zuerst zurückgehauen.«

Olchi-Mädchen: »Mama! Was war in der Spraydose?«
Olchi-Mama: »Extra-Plus-Superkleber.«
Olchi-Mädchen: »Glibber-Schleim-und-Rotzefuß, darum krieg ich meine Mütze nicht mehr ab.«

Das Olchi-Kind will einfach nicht schlafen gehen.
Olchi-Oma, schon ungeduldig:
»Gehst du freiwillig ins Bett, oder soll ich dir ein krötiges Gutenachtlied vorsingen?«

OLCHI-PAPA: »BEIM SCHIMMLIGEN LÄUSEPUPS, ICH WERDE IMMER VON MEINEM EIGENEN SCHNARCHEN WACH.«
OLCHI-MAMA: »LEG DICH DOCH EINFACH IN EIN ANDERES ZIMMER!«

Olchi-Papa und der Olchi-Junge haben eine Kissenschlacht gemacht, und jetzt ist Olchi-Mamas schöne Vase hin.
»Beim Pupsknödel, wer soll das Mama beibringen?«, fragt Olchi-Papa.
»Mach du's«, sagt der Olchi-Junge. »Du kennst sie schon länger als ich!«

Warum hat Olchi-Papa Zahnpasta
zwischen seinen Hörhörnern und
seinen drahtigen Olchi-Haaren?
Weil auf der Tube steht: »Bitte auf den
Kopf stellen.«

»Schlapper Schlammlappen, ich habe solche
kotzteufligen Gliederschmerzen!«, jammert
Olchi-Opa. »Ich kann meine Arme kaum über
dem Kopf zusammenschlagen. Und mit den
Beinen geht's mir genauso.«

DIE BEIDEN OLCHI-KINDER
KNOBELN. DER OLCHI-JUNGE
ERKLÄRT: »ICH WERFE DAS
GELDSTÜCK JETZT HOCH.
BEI KOPF GEWINNE ICH, BEI
ZAHL VERLIERST DU!«

»Ich lasse die ganze Nacht das Licht brennen,
wegen der Einbrecher!«, sagt Olchi-Mama.
»Matsch mit Soße, das brauchst du nicht«, sagt
Olchi-Papa. »Die haben ja Taschenlampen!«

Das kleine Olchi-Baby nervt mal wieder gewaltig. Da hat der Olchi-Junge eine Idee: »Wir spielen jetzt Verstecken: Du verschwindest unter dem Sofa, und wir anderen suchen dich!« Brav krabbelt das Olchi-Baby unter das Sofa. Als es dann Abendessen gibt, schreit der Olchi-Junge: »Du kannst wieder unter dem Sofa rauskriechen, wir haben dich nicht gefunden.«

»DIE MEISTEN OLCHIS BENUTZEN NUR EIN DRITTEL IHRES GEHIRNS«, ERKLÄRT OLCHI-PAPA DEN OLCHI-KINDERN. »UND WAS MACHEN SIE DANN MIT DEM ANDEREN DRITTEL?«, WILL DAS EINE OLCHI-KIND WISSEN.

Olchi-Papa ist muffelfurzschlau. Er weiß zum Beispiel: »Ein Kreis muss immer rund sein, auch an den Ecken.«

Der Olchi-Junge ruft bei der Feuerwehr an:
»Kommen Sie schnell, es brennt!«
Feuerwehr: »Wie kommen wir denn zu dir?«
Olchi-Junge: »Na, mit dem roten Auto,
nehme ich an!«

»Das ist aber schön, dass
du kommst«, begrüßt das
Olchi-Mädchen den blauen
Olchi, der allen wegen seiner
Besserwisserei und seinem
grauenhaften Ordnungs-
fimmel auf die Nerven geht.
»Olchi-Mama sagte eben erst,
du hättest uns gerade noch
gefehlt.«

»Sagen wir mal, eine gute Fee
kommt zu dir und du darfst einen
Wunsch äußern. Was würdest du
dir wünschen?«, fragt das eine
Olchi-Kind. Darauf antwortet
das andere Olchi-Kind: »Schlick
und Schlamm, dass ich zwanzig
Wünsche frei habe!«

Die Olchis muffeln in ihrer Höhle vor sich hin und haben Langeweile. Da kommt dem Olchi-Jungen eine Idee: »Fliegenpups und Krötenfurz, wir können uns Witze erzählen!«

»Gute Idee«, findet das Olchi-Mädchen. »Ich weiß einen: Geht ein Ballon zum Arzt. Fragt der Arzt: ›Was ist denn mit Ihnen los?‹ Sagt der Ballon: ›Ich habe Platzangst.‹«

Da lachen und johlen alle Olchis: »Witzig-witzig, schleime-spritzig!«

Olchi-Oma: »Oh Käsefuß, oh Käsefuß, ich glaube, ich habe mein Gedächtnis verloren.«
»Beim Grätenfurz, wann war denn das?«, fragt Olchi-Opa besorgt.
Olchi-Oma: »Wann war was?«

Olchi-Mama zu dem Olchi-Jungen: »Rotzige Kleiderlaus, ich habe dir doch gesagt, du sollst vor dem Höhleneingang keine Schnee-Olchis bauen!«
»Hab ich doch gar nicht – der ist nicht von mir!«
»Oh Käsefuß – dann haben wir Opa im Herbst draußen stehen lassen!«

Das Olchi-Kind hilft widerwillig beim Geschirrabtrocknen. Plötzlich gibt es Scherben. Da schaut das Olchi-Kind die Olchi-Mama erwartungsvoll an und meint: »Beim ranzigen Spülschwamm, willst du mir jetzt nicht endlich kündigen?«

»Olchi-Mädchen und ich, wir können uns am Telefon nie verstehen«, sagt der Olchi-Junge.
»Rattiger Gichtkübel, dann versucht doch einfach mal, abwechselnd zu sprechen«, rät Olchi-Mama.

»Mama, der Tannenbaum brennt!«, ruft das Olchi-Kind.
»Windiger Hühnerfurz, es heißt: Der Tannenbaum leuchtet!«
»Mama, guck mal, die Gardine leuchtet jetzt auch!«

»Früher war ich gar nicht so stinkefaul wie heute«, erzählt Olchi-Papa. »Da habe ich 25 Stunden am Tag gearbeitet!«
»Aber der Tag hat doch nur 24 Stunden«, sagt das Olchi-Mädchen.
»Ich hab halt eine Stunde früher angefangen.«

Draußen schneit es. Die Olchis sitzen gemütlich in ihrer Muffelhöhle und pupsen vor sich hin, dass es eine Freude ist, während im Ofen schon die Pferdeäpfel brutzeln. Da fragt das Olchi-Mädchen: »Oma, erzählst du uns das Märchen vom Rotkäppchen?«

»Na gut«, sagt Olchi-Oma und legt sofort los: »Einmal ging Rotkäppchen seine Großmutter besuchen.

›Großmutter, du hast so große Glupschaugen!‹
›Damit ich dich besser sehen kann!‹
Rotkäppchen: ›Großmutter, du hast so große Ohren!‹
›Damit ich dich besser hören kann!‹
Rotkäppchen: ›Großmutter, deine Nase ist so groß!‹
›Damit ich dich besser riechen kann!‹
Rotkäppchen: ›Großmutter, dein Mund ist so groß!‹
›Was soll das? Bist du nur gekommen, um mich zu beleidigen??‹«

Olchi-Papa: »Was hast du den ganzen Tag gemacht?«
Olchi-Mama: »Ich habe versucht, kleine Furzfliegen zu fangen.«
Olchi-Papa: »Furzfliegen??? Wie sehen die denn aus?«
Olchi-Mama: »Keine Ahnung. Ich habe ja noch keine gefangen.«

»Papa, Papa, was machen wir denn jetzt bloß?«, ruft das Olchi-Kind aufgeregt.
»Schuppiges Hühnerbein, jetzt warten wir erst mal ab«, antwortet Olchi-Papa.
»Und dann?«
»Dann schau'n wir mal, und dann werden wir schon sehen.«

»Sag mal, hast du den Kindern all die Schimpfwörter beigebracht?«, will Olchi-Mama von Olchi-Papa wissen.
»Bei allen schwefligen Käsepupsen, nein, ganz im Gegenteil. Ich habe ihnen nur gesagt, welche Wörter sie nicht benutzen sollen.«

Das Olchi-Kind ist schon im Bett und schreit rüber:
»Mama, krieg ich noch einen Stinkerkeks?«
»Nein, jetzt ist Schluss. Du schläfst!«
Nach einiger Zeit meldet sich das Olchi-Kind wieder:
»Mama, ich möchte bitte, bitte doch noch einen Stinkerkeks!«
»Beim sumpfigen Kakerlakenfurz, das geht zu weit. Wenn du nicht sofort ruhig bist, komm ich rüber und schimpf dich tüchtig aus.«
Kleine Pause, dann hört man das Olchi-Kind krähen:
»Mama, wenn du jetzt rüberkommst und mich tüchtig ausschimpfst, bringst du dann den Stinkerkeks mit?«

»WER IST IN EURER FAMILIE DER MUSIKALISCHSTE?«
»OLCHI-OPA.«
»SINGT ER AM SCHÖNSTEN?«
»NÖ, DER HAUT AB, WENN WIR ANDEREN ZU SINGEN ANFANGEN.«

Der Olchi-Junge starrt kopfschüttelnd
auf die Beine seiner Schwester.
»Mensch, hast du grätige krumme
Beine! Da kann ja ein ausgewachsener
Ochse durchlaufen.«
»Also, dann versuch's doch!« antwortet
das Olchi-Mädchen.

Olchi-Papa stöhnt: »Bei meiner käsigen
Modersocke, was bin ich üde!«
Olchi-Mama fragt: »Was soll das heißen?
Etwa, du bist müde?«
»Ja, genau.«
»Muffelfurz, warum sagst du dann nicht
›müde‹ statt ›üde‹?«
»Dazu bin ich zu üde.«

»Oh Käsefuß, oh Käsefuß«, schluchzt
Olchi-Oma. »Ich hab meinen schönen
rotzegrünen Regenschirm verloren.«
»Schleimiger Schlammbeutel, wann ist dir
denn aufgefallen, dass er weg ist?«, fragt
Olchi-Mama.
»Erst als es aufhörte zu regnen. Da wollte
ich ihn zumachen und merkte, dass er
nicht mehr da war.«

»Als was gehst du im Karneval?«, fragt der Olchi-Junge.
»Als Taube«, sagt das Olchi-Mädchen.
»Spotzteufel, und wie machst du das?«
»Ganz einfach. Ich steck mir Watte in die Ohren.«

»Ich hab ein oberolchig ausgezeichnetes Gedächtnis«, sagt Olchi-Opa. »Nur drei Dinge kann ich mir nicht merken: Erstens Namen, zweitens Zahlen und drittens … drittens … Spotzteufel, das hab ich jetzt vergessen.«

»Rotzteufliger Kotzbeutel, hast du deiner Schwester auf den Kopf geschlagen?«, fragt Olchi-Mama vorwurfsvoll.
»Ja. – Aber die krummen Beine hat sie vorher schon gehabt«, sagt der Olchi-Junge.

»Was tust du heute Nachmittag?«, fragt Olchi-Mama.
»Nichts«, antwortet Olchi-Papa.
»Du, da mach ich mit.«

Das Olchi-Baby hat wieder in die Hose gemacht. Olchi-Mama sagt: »Bei meinem ranzigen Spülschwamm, das nächste Mal werde ich es mit Trockenmilch füttern. Dann brauche ich es nur noch abstauben.«

Holzwurmmutter zu ihrem Kind: »Und nun husch, husch in dein Brettchen.«

»Wie wird eigentlich ein Fischernetz gemacht?«, fragt der Olchi-Junge den Olchi-Opa. »Stinkepups-einfach«, sagt dieser, »man nimmt eine Menge Löcher und knotet sie mit einer Schnur zusammen.«

OLCHI-OMA SCHWÄRMT FÜR KÖNIGIN ELISABETH. DARUM SCHREIBT SIE IHR JETZT EINEN BRIEF.
UND DIE ADRESSE?
GANZ EINFACH: »AN QUEEN ELIZABETH – ABER NICHT DAS SCHIFF.«

Ein weiser Olchi-Rat lautet: »Vor dem Frühstück soll man nichts tun. Wenn man aber doch vor dem Frühstück etwas tun muss, dann soll man wenigstens vorher eine muffelfurzgroße Portion essen.«

Olchi-Opa hat heute einen guten Tag und dichtet, was das Zeug hält:
»Die Boxer aus der Meisterklasse, die hauen sich zur Kleistermasse.«
»Krötig«, jubeln die Olchi-Kinder, »wir wollen noch ein Gedicht hören!«
Da reimt Olchi-Opa aufs Neue:
»Es klapperten die Klapperschlangen, bis ihre Klappern schlapper klangen.«

Die beiden Olchi-Kinder waren heute Abend im Kino.
»Habt ihr euch gut unterhalten?«, fragt Olchi-Mama, als sie wieder zu Hause sind.
»Zuerst schon …«
»Und dann?«
»Dann haben die muffelpups-doofen Nachbarn dauernd geschimpft.«

Aus der Muffelhöhle ertönt lautes Geschrei. Die beiden Olchi-Kinder streiten sich.
»Und weißt du auch«, sagt das Olchi-Mädchen, »warum du überhaupt einen Kopf hast? Du hast deinen krötigen Kopf nur deshalb, damit du das Stroh nicht in der Hand rumtragen musst!«

»Wenn ich so darüber nachdenke, was ihr in letzter Zeit alles für Unfug getrieben habt, wird der Weihnachtsmann dieses Jahr wohl erkältet sein«, sagt Olchi-Papa.
»Pupsiger Käseteufel, was heißt das?«, rufen die Olchi-Kinder erschrocken.
»Er wird euch was husten!«

Olchi-Opa sitzt traurig auf einer leeren Ravioli-Dose.
»Beim Käsewurm, was bedrückt dich denn?«, will das Olchi-Mädchen wissen.
Olchi-Opa: »Ich höre immer Stimmen, aber ich sehe niemand.«
Olchi-Mädchen: »Schlick und Schlamm, ist das wahr? Und wann tritt das auf?«
Olchi-Opa: »Immer, wenn ich telefoniere.«

Den Olchi-Kindern ist ein junger Hund zugelaufen. »Und wollt ihr ihn auch großziehen?«, fragt Olchi-Oma.
»Nein«, antwortet das eine Olchi-Kind, »wir lassen ihn einfach wachsen!«

Der blaue Olchi kommt zu Besuch und hat gleich schlimme Befürchtungen, als er die Wiege sieht, die der Olchi-Papa aus einer alten Kiste gebastelt hat. »Ist das denn nicht zu gefährlich, wenn ihr das Olchi-Baby in einer so hohen Wiege schlafen lasst?« »Aber so hören wir besser, wenn es herausfällt«, erklärt Olchi-Papa.

Olchi-Mama singt ein Schlaflied für das Olchi-Baby:
»Ich seh
ein helles Sternlein blinken,
ich riech
den Mond am Himmel stinken.
Du klappst deine Äuglein zu.
Und ich hab endlich meine Ruh …«
Das Olchi-Mädchen flüstert dem Olchi-Jungen zu:
»Sie sollte im Fernsehen auftreten.«
»Wieso?«
»Dann könnte man sie abstellen, und wir hätten endlich auch unsere Ruh!«

»Mit wem hast du denn geschlagene zwei Stunden vor dem Eingang zu unserer Muffelhöhle getratscht?«, will Olchi-Papa wissen. »Ach«, klärt Olchi-Mama den Sachverhalt auf, »das war nur meine Freundin; sie hatte keine Zeit, hereinzukommen.«

ZWEI BIENEN FLIEGEN AN DER MUFFELIGEN OLCHI-HÖHLE VORBEI. SAGT DIE EINE ZUR ANDEREN: »WAS MEINST DU? SOLLEN WIR MAL ETWAS SCHWUNG IN DIE BUDE BRINGEN?«

»Olchi-Opa ist furchtbar böse auf mich«, erzählt das Olchi-Kind.
»Ja, warum denn?«, will Olchi-Mama wissen.
»Na ja«, gibt das Olchi-Kind zu, »ich hab ihn gestört und dazwischengeredet, als er gerade einen Witz erzählt hat.«
»Beim giftigen Würgeschlamm, wann wirst du das denn endlich kapieren«, sagt Olchi-Mama seufzend. »Beim Witze-Erzählen versteht Opa eben keinen Spaß!«

Das Olchi-Kind fragt: »Warum antwortest du eigentlich immer mit einer Gegenfrage?« Olchi-Papa ist erstaunt: »Krötiger Muffelfurz, tue ich das wirklich?«

»Meine Kinder gehorchen mir aufs Wort«, sagt Olchi-Papa stolz. »Wenn ich morgens reinkomme, sage ich: ›Macht doch, was ihr wollt.‹ Und genau das machen sie dann.«

»Bei all meinen lausigen Wanzenfürzen, ich bin unschuldig!«, beteuert das Olchi-Kind.
Olchi-Mama: »Das sagen alle.«
Olchi-Kind: »Da siehst du's ja selbst. Wenn es alle sagen, dann muss es doch auch stimmen.«

EINE OLCHI-WEISHEIT LAUTET:
»BLEIBE RUHIG, TU'S
GEDIEGEN: WAS NICHT FERTIG
WIRD, BLEIBT LIEGEN!«

OLCHIGER GEBURTSTAGSSPASS

Das Olchi-Mädchen bittet Olchi-Papa: »Sag Olchi-Oma nicht, dass ich ihr Stinkermuffins zum Geburtstag gebacken habe!«
»Kein Wort, willst du sie überraschen?«
»Nein«, sagt das Olchi-Mädchen, »ich habe sie aufgegessen!«

»Weißt du schon, was du Mama zum Gefurztag schenkst?«, will das Olchi-Mädchen wissen.
»Ja, ich schenk ihr eine neue Dose für Stinkerkekse, bei der der Deckel ganz leise auf und zu geht.«

Der Olchi-Junge schenkt dem Olchi-Mädchen zum Geburtstag eine Dose Knallerbsen. »Ich fress ein Bonbon, wenn die nicht alle in Ordnung sind«, sagt der Olchi-Junge. »Ich hab extra jede Einzelne schon ausprobiert.«

DAS OLCHI-MÄDCHEN FRAGT: »WAS SCHENKST DU OLCHI-PAPA ZUM GEBURTSTAG?« DARAUF SAGT DER OLCHI-JUNGE: »EINEN MUFFELFURZIGEN LUFTBALLON OHNE HÜLLE!«

Olchi-Mama will »Herzlichen Glückwunsch zum Geburtstag« auf den faulig-feinen Stinkerkuchen schreiben. »Schleime-Schlamm- und-Käsefuß!«, erzählt Olchi-Mama später. »Das war vielleicht ein Gematsche, bis ich den Kuchen in die Schreibmaschine gebracht habe!«

Das Olchi-Mädchen ist zu einer Geburtstagsparty eingeladen. »Und sei schön artig und nett«, verabschiedet Olchi-Mama sie am Ausgang der Muffelhöhle. »Und vergiss nicht, dich am Schluss bei den Leuten für dein Benehmen zu entschuldigen!«

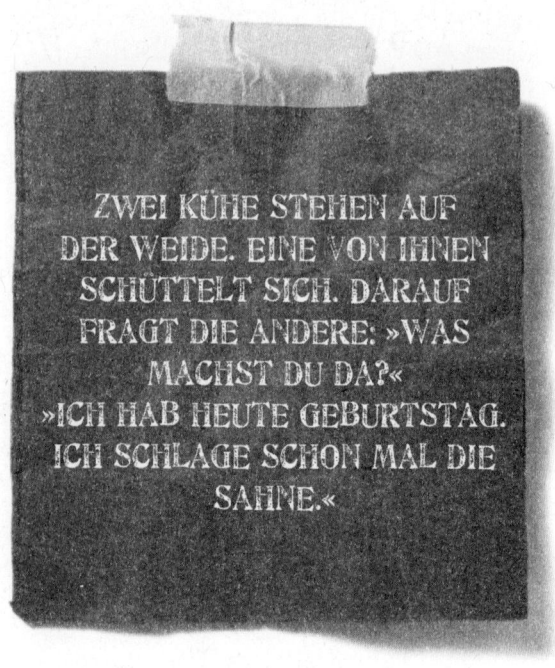

Olchi-Oma feiert heute wieder einmal Geburtstag.
Olchi-Mama: »Was wirst du Olchi-Oma zum Gefurztag schenken?«
Olchi-Opa: »Ich glaube, ich werde ihr diesmal nichts schenken.«
Olchi-Mama: »Nichts? Aber das hat sie doch schon.«

»Olchi-Mama hat sich zum Geburtstag ein Streichinstrument gewünscht«, sagt Olchi-Papa.
»Und? Schenkst du ihr eins?«, fragt Olchi-Opa.
»Ja, sie kriegt ein Buttermesser.«

Olchi-Mama zum Olchi-Kind: »Ich hab dir einen stinkigen Gefurztagskuchen gebacken! Aber mit den Kerzen hab ich das nicht so recht hingekriegt.«
»Ach, Mama, du hättest die Kerzen erst nach dem Backen draufstecken sollen!«

»Mit der Trommel, die du mir zum Geburtstag geschenkt hast, hast du mir wirklich eine große Freude bereitet, Oma!«, strahlt das Olchi-Kind.
»Ach, wirklich? Trommelst du denn so gerne?«, will Olchi-Oma wissen.
»Das eigentlich nicht, aber Papa gibt mir jedes Mal fünf Schmuddelkekse, wenn ich nicht trommle!«

SCHMATZ, SCHLÜRF UND RÜLPS

Das Olchi-Kind hat einen gesunden Appetit und verschlingt alles, was ihm unter die Glupschaugen kommt. Nachts geht es heimlich an die Vorratskiste und nascht Schmierseife. Olchi-Mama erwischt das Olchi-Kind auf frischer Tat.
»Beim borstigen Schuppenwurz, wirst du denn nie satt?«
»Ich frühstücke jetzt schon«, erklärt das Olchi-Kind, »dann muss ich morgen nicht so früh aufstehen.«

Olchi-Papa runzelt die Stirn: »Die gedünstete Matratzenfüllung mit Mörtelsoße schmeckt heute aber komisch.« Darauf erwidert Olchi-Mama: »Dann lach doch!«

Der Olchi-Junge hat den ganzen Stinkerkuchen allein verputzt.
»Pampiges Müffelhuhn, hast du denn überhaupt nicht an den Rest der Familie gedacht?«, tadelt Olchi-Mama.
»Doch. Die ganze Zeit. Darum habe ich mich ja so beeilt und extra muffelfurzschnell gegessen.«

Auf dem Tisch steht ein herrlich schlammiger Wackelpudding. Das Olchi-Kind rülpst hungrig und sagt zum Wackelpudding: »Du brauchst gar nicht so zu zittern, ich esse dich trotzdem!«

Kommt ein Huhn morgens in ein Café und sagt zum Kellner: »Bitte bringen Sie mir einen Eierbecher, einen kleinen Löffel und etwas Salz, um den Rest kümmere ich mich selbst.«

Der entsetzlich ordentliche blaue Olchi ist zu Besuch in Schmuddelfing. Nach dem Essen fragt er: »Kann ich bitte eine Serviette haben?« Kommt Olchi-Mama mit einer Klorolle an. Sagt der blaue Olchi: »Öje, das ist doch eine Klorolle und keine Serviette!« Sagt Olchi-Mama: »Manche nennen es Klorolle, aber wir die längste Serviette der Welt!«

Schmatzend und schlürfend müffeln die Olchis Schnürsenkel-Spaghetti. Dem Olchi-Kind gleiten die Schnürsenkel immer wieder von der Gabel. Schließlich entrüstet es sich: »Glitschiges Glitschgewürm, die esse ich nicht; die leben ja noch alle!«

»Rattiger Gichtkübel, in meiner Suppe schwimmt eine Fliege!«, beschwert sich Olchi-Papa beim Mittagessen.
»Reg dich doch nicht auf«, meint Olchi-Mama. »Die Spinne im Brotkorb wird sie gleich schnappen. Und nun: Stinkerbrühe, faule Schnecken, meine Lieben, lasst's euch schmecken!«

Der Lehrer hat im »Gasthaus Schmuddelfing« gegessen, nach einem kurzen Blick auf die Rechnung ruft er den Kellner: »Lesen Sie, was Sie da geschrieben haben: ›Kotelet 5 Euro‹. Da fehlt ein T!« Der Kellner entschuldigt sich und kommt bald mit einer neuen Rechnung: »Ein Kotelet 5 Euro, ein Tee 2,50 Euro.«

»Rotzteufliger Kotzbeutel«, seufzt Olchi-Mama, »von der grünen Schlammbrühe ist kaum noch etwas übrig, das reicht nicht mehr für die ganze Familie zum Abendessen.«
»Halb so schlimm«, sagt Olchi-Papa. »Bis zum Abend sind die Kinder sicher wieder einmal so frech, dass wir sie zur Strafe sofort ins Bett schicken können.«

»HAST DU DICH VERSCHLUCKT?«, FRAGT OLCHI-MAMA DAS OLCHI-KIND BEIM ABENDESSEN. DAS OLCHI-KIND FASST SICH AN DIE KNUBBELNASE. »NEIN«, SAGT ES, »ICH BIN NOCH DA.«

»Das Essen ist fertig, ihr lieben Stinkerchen!«, ruft Olchi-Oma und trägt die große Terrine, die bis zum Rand mit grüner Rotzgrütze gefüllt ist, hinein. Alle Olchis schauen gespannt zu.
»Fall nicht hin!«, ruft Olchi-Opa.
»Keine Angst«, sagt Olchi-Oma. »Ich halt mich doch an der Terrine fest.«

»Ich verstehe nicht, wie man so viel Fahrradöl trinken kann wie du!«, beschwert sich Olchi-Oma.
»Eben, eben«, sagt Olchi-Opa. »Wenn man von einer Sache nichts versteht, sollte man sich lieber raushalten.«

Mann: »Schatz, war das Essen heute wieder aus der Dose?«
Frau: »Ja, Liebling.«
Mann: »Wie hieß das Gericht denn?«
Frau: »Das weiß ich nicht. Aber auf der Dose stand: ›Für Ihren Liebling‹, und dann war da noch eine süße Katze abgebildet.«

OLCHI-MAMA SCHIMPFT MIT DEM OLCHI-MÄDCHEN: »KÄSIGER GICHTGRÄTEN-FURZ, DU SOLLTEST DOCH AUFPASSEN, WANN MEINE VERGORENE SCHLAMMBRÜHE ÜBERKOCHT!« DAS OLCHI-MÄDCHEN VERTEIDIGT SICH: »HAB ICH DOCH, ES WAR GENAU VIER MINUTEN NACH SECHS!«

Olchi-Mama und die Olchi-Kinder backen Schmuddelplätzchen. Da fällt dem einen Olchi-Kind ein Witz ein. »Treffen sich zwei Kekse. Da meint der eine: ›Komm, wir verkrümeln uns!‹«

Die beiden Olchi-Kinder zerkruspeln schmatzend einen löchrigen Seidenschal. Das Olchi-Mädchen rülpst zufrieden und erzählt: »Krokodile fressen übrigens auch Seide.«

»Spotz-Rotz, woher weißt du das?«, fragt der Olchi-Junge.

»Ich habe gestern im Müll eine Handtasche mit einem Schild gesehen, auf dem geschrieben stand: ›Echt Krokodil, mit Seide gefüttert‹.«

»Och, Mami«, bittet der kleine Sohn, »ich möchte keinen Spinat essen.«
»Iss nur, mein Junge, davon bekommst du doch so eine schöne frische Farbe im Gesicht!«
»Ich will aber keine Olchi-grünen Backen haben …!«

Olchi-Oma hat einen fein muffelnden Schlick-Kaffee gekocht.
»Wie viel Zucker möchtest du in deinen Schlick-Kaffee?«, fragt sie Olchi-Opa.
»Sieben Stück.«
»Heiliger Müllsack! Sieben?«
»Ja, aber nicht umrühren. Sonst wird er zu süß!«

»Herr Ober, trinken Sie?«
»Aber nein, mein Herr.«
»Gut so, dann brauchen Sie auch kein Trinkgeld.«

Die Olchi-Kinder streiten sich um den leckeren Nachtisch; jeder fürchtet, dass er zu wenig von der herrlich ranzigen Schmierseife bekommt. Da ergreift Olchi-Mama die Initiative. Peinlich genau teilt sie jedem das gleiche Maß zu. Dann fragt sie: »So, und wer hat nun zu wenig?« Olchi-Papa weiß es: »Alle!«

Tante Regine ist zu Besuch gekommen. Sie mischt sich in alles ein, was sie nichts angeht. »Du musst dein Vollkornmüsli aufessen, Trudi. Das müssen alle Kinder. Dann werden sie, wenn sie groß sind, einmal klug und schön!« »Und warum hast du, als du klein warst, kein Vollkornmüsli gegessen?«, fragt Trudi.

Zum Nachtisch hat jedes Olchi-Kind ein schönes Stück kräftigen Stinkerkuchen auf den Teller bekommen. »Ich möchte aber zwei Stücke«, nörgelt der Olchi-Junge. »Hier ist das Messer, dann kannst du dein Stück in zwei Stücke schneiden«, meint Olchi-Oma mitfühlend.

»Für heute gibt es keinen Stinkerkuchen mehr«, sagt die Olchi-Mama zum Olchi-Kind. »Du bist völlig übermüdet und gehst jetzt ins Bett!«
»Ach, Mama«, bettelt das Olchi-Kind, »gib mir doch noch von dem Stinkerkuchen; ich bin ja nur im Gesicht müde, mein Bauch ist überhaupt nicht müde!«

WAS SAGT DER KANNIBALE, DER ZU EINEM FAMILIENFEST EINGELADEN WIRD?
»MEINE SIPPE FRESS ICH NICHT!«

»Wisst ihr noch, wo ich die Dose mit den Kalkplätzchen hingetan habe?«, fragt Olchi-Mama die Olchi-Kinder.
»Aber klar doch.«
»Fischige Rostbeule, dann muss ich sie woanders verstecken.«

Die Olchis sitzen beim Mittagessen und schmatzen und schlürfen faulige Fischgrätensuppe.
»Sumpfiger Kakerlaken-Furz, hast du denn keine Hörhörner? Wie oft muss ich dir denn noch sagen, dass du nicht ständig mit den Beinen zappeln sollst?«, fragt Olchi-Mama das Olchi-Kind.
Darauf entgegnet das Olchi-Kind: »Und wie, bitte, soll ich mit den Hörhörnern zappeln?«

Treffen sich zwei Rosinen. Fragt die eine: »Warum hast du diesen Helm auf?« Meint die andere: »Na, ich gehe ja gleich in den Stollen.«

Das Olchi-Mädchen schluchzt.
Olchi-Mama fragt den Olchi-Jungen:
»Warum weint deine Schwester?«
»Weil ich ihr geholfen habe«, erklärt der Olchi-Junge.
»Geholfen, wobei?«
»Die leckeren Stinkerkekse aufzuessen.«

Abendessen in der Muffelhöhle der Olchis.
»Bei meiner Pupsnase, in der Stinkerbrühe
schwimmt ein Zahn!«, sagt Olchi-Papa.
»Na und? Du hast doch gesagt, ich soll
beim Kochen einen Zahn zulegen«,
antwortet Olchi-Mama.

Olchi-Kind: »Papa, warum können
Fische nicht sprechen?«
Olchi-Papa: »Ist doch klar wie Matschbrühe! Rede du doch mal, wenn du
den Mund voller Wasser hast.«

Die Olchi-Familie sitzt beim mittäglichen
extraschlammigen Schlammkuchen mit
Knochensplitterstreuseln. Fragt der Olchi-
Papa die Olchi-Kinder: »Na, wie war es
denn heute in der Schule? Habt ihr was
gelernt?« Entgegnet das Olchi-Mädchen:
»Also, ich verstehe dich nicht. Da sagst du
immer, man soll beim Essen nicht über
grätig-gruselige Dinge sprechen, und
dann kommst du mit so was!«

»Das Olchi-Mädchen hat schon wieder einen Fisch gegessen«, petzt der Olchi-Junge.
»Sumpfiger Rattenfurz, wie oft muss ich es noch sagen!«, schimpft Olchi-Mama. »Ihr sollt doch nicht aus Papas Aquarium naschen!«

»DEINE RASIERSCHAUMTORTE SCHMECKT MIR HEUTE ÜBERHAUPT NICHT!«, NÖRGELT OLCHI-PAPA.
»MIR AUCH NICHT. ABER ES IST SCHÖN, DASS WIR DEN GLEICHEN GESCHMACK HABEN!«, ENTGEGNET OLCHI-MAMA.

Olchi-Mama erklärt dem Olchi-Mädchen, wie man ein Knochenmehl-Ößchen kocht.
»Also, du nimmst zwei Drittel vergorene Sahne, ein Drittel grüne Schlammbrühe und ein Drittel Knochenmehl ...«
Olchi-Mädchen: »Aber das sind doch schon vier Drittel.«
Olchi-Mama: »Und wenn schon, dann nimmst du eben einen größeren Topf.«

»Du, wollen wir mal Opas Fahrradöl verstecken?«, fragt das eine Olchi-Kind das andere. »Au ja, das ist eine muffelfurzcoole Idee! Dann lernen wir wieder so tolle Wörter, die wir noch nicht kennen …«

Olchi-Oma erzählt der Olchi-Familie: »Ich mache jetzt drei Diäten.«
Olchi-Mama fragt überrascht: »Krötiger Schlamm-Hühnerich, warum denn gleich drei?«
»Na, von einer werd ich nicht satt!«

»Bei meinem krätzigen Stinkstiefel, hast du heute schon wieder von der Rasierschaumtorte genascht?«, fragt Olchi-Mama.
»Nein, bestimmt nicht«, sagt das Olchi-Kind.
»Lüg nicht, ich sehe es an deiner Nasenspitze.«
»Nein, das steht noch von gestern drauf!«

Ein kleiner Hahn steht vor einem Hähnchengrill. Da kommt nach einiger Zeit ein anderer Hahn dazu und erkundigt sich: »Was gibt es hier Besonderes zu sehen?«
»Ich warte nur, bis Mama wieder vom Karussell herunterkommt.«

Die Olchi-Oma sagt: »Zum Frühstück bevorzuge ich eine Schüssel rotzig-modrige Schlammgrütze, ein Glas Baumschwamm-Limonade, eine Tafel Schokolade und einen Hund.«
»Aber wozu denn einen Hund?«, fragt das Olchi-Kind.
»Na, einer muss doch die Schokolade essen!«, antwortet die Olchi-Oma.

»Ich habe immer auch eine leere Flasche Fahrradöl im Kühlschrank«, sagt Olchi-Opa, »denn es könnte ja mal einer kommen, der nichts trinken will.«

Olchi-Mama ist heute nicht zu Hause. »Macht nichts«, sagt Olchi-Papa, »dann koch ich.« Und Olchi-Papa kocht. Während des Essens schmatzt er: »Bis jetzt kann ich nur zwei muffelfurzleckere Gerichte. Rostnagel-Auflauf und gehackte Joghurtbecher auf Fischgrätensalat.« »Und was von beiden ist das hier?«, fragt das freche Olchi-Kind.

»Ich hab euch euren Lieblings-Stinkerkuchen gebacken!«, sagt Olchi-Mama zum Rest der Olchi-Familie. Alle jubeln, doch plötzlich sagt Olchi-Oma: »Aber ... es sind ja bloß noch Krümel übrig.« »Tja«, entgegnet Olchi-Mama, »es ist leider auch mein Lieblingskuchen!«

»Herr Ober, das nennen Sie Apfelkuchen? Da ist ja nicht ein einziges Stück Apfel drin.«
»Ja und? Haben Sie schon mal in einem Blitzkuchen einen Blitz gesehen? Oder in einem Hundekuchen einen Hund? Oder in einem Marmorkuchen ein Stück Marmor? Oder in einem Sandkuchen Sand?«

»Was essen eigentlich die Olchis?«
»Was sie so finden.«
»Und wenn sie mal nichts finden?«
»Dann essen sie was anderes!«

NEULICH AUF DER MÜLLHALDE

Das Olchi-Kind soll auf der Müllkippe nach rostigen Nägeln für das Mittagessen suchen, aber es kommt mit leeren Händen zurück. Nun geht Olchi-Mama selbst los. Ein Blick, und sie hat gleich einen ganzen Haufen entdeckt. »Na, siehst du«, sagt sie, »so macht man das!« »Schleime-Schlamm-und-Käsefuß, war doch ein Klacks!«, mault das Olchi-Kind. »Wo ihr Erwachsenen doch größere Augen habt!«

Olchi-Oma kramt ein leeres Brillenetui aus dem Müll hervor und ist glücklich. »Wenn ich jetzt noch schlecht sehen würde«, sagt sie, »dann wär das krötenfurzsuper.«

**Zwei Schnecken kriechen über die Müllhalde.
Sagt die eine: »Pass auf, da kommt ein Müllwagen!«
Sagt die andere: »Red doch keinen Quatsch-quatsch-quatsch …«**

DAS OLCHI-MÄDCHEN FINDET AUF DER MÜLLKIPPE EIN AKKORDEON. DA SAGT DER OLCHI-JUNGE: »SCHLICK UND SCHLAMM, DAS IST BESTIMMT MINDESTENS SO ALT WIE OLCHI-OPA!«
»WIE KOMMST DU DARAUF?«, FRAGT DAS OLCHI-MÄDCHEN.
»SCHAU DOCH NUR, WIE VIELE FALTEN ES HAT!«

»Nobody is perfect«, sagt der Neunhundertneunundneunzigfüßler.

Olchi-Mama betrachtet das Fahrrad von Olchi-Papa. Dann ruft sie: »Deine Reifen sind abgefahren.«
»Spotzteufel, dann nichts wie hinterher!«, ruft Olchi-Papa zurück.

Über der Müllkippe von Schmuddelfing hängt dichter Nebel. Begeistert läuft das Olchi-Kind zur Olchi-Mama: »Mama, schau mal, heute ist die Luft ganz verschimmelt!«

Olchi-Papa zeigt dem Olchi-Kind stolz ein Keyboard, das er im Müll entdeckt hat. »Bei all meinen lausigen Wanzenfürzen, ist das nicht schön?«, fragt er.
»Muffelfurzcool«, sagt das Olchi-Kind. »Aber wofür sind eigentlich die schwarzen Tasten?«
»Die werden nur bei Beerdigungen und anderen traurigen Anlässen benutzt«, erklärt Olchi-Papa.

Olchi-Opa hat einen alten Computer entdeckt. »Warum hast du den Computer mit Wasser überschüttet?«, fragt das Olchi-Kind. »Weil ich auch mal im Internet surfen wollte!«, erklärt Olchi-Opa.

Zwei Wurmfrauen treffen sich in einer Pfütze auf der Müllhalde von Schmuddelfing. Sagt die eine zur anderen: »Wo steckt denn heute dein Mann?« Darauf die andere: »Ach, der ist beim Angeln!«

Zwei Frösche treffen sich auf der müffeligen Abfallhalde von Schmuddelfing. Der eine ist über und über mit Bandagen und Pflastern bedeckt.
»Was hast du denn gemacht?«, ruft der andere entsetzt.
»Ach, ich habe aus Versehen einen Knallfrosch geküsst.«

Olchi-Opa und Olchi-Papa sitzen abends draußen vor der Muffelhöhle und trinken gemütlich einige Flaschen Fahrradöl.
»Furzteufel, ist das finster heute! Findest du nicht auch?«, fragt Olchi-Opa.
»Weiß ich nicht. Kann fast nichts sehen bei dieser Finsternis«, antwortet Olchi-Papa.

OLCHI-MAMA GEHT ÜBER DIE MÜLLKIPPE, HEBT EINEN SPIEGEL AUF, GUCKT REIN UND SAGT: »JA, DIESEN SPIEGEL WÜRDE ICH AUCH WEGWERFEN.«

»Warum willst du dich jetzt plötzlich scheiden lassen?«, fragt die Buchfinkdame ihre Freundin. Die Freundin seufzt leise: »Mein Mann hat eine Meise.«

Auf der herrlich schmuddeligen Müllhalde hüpft ein Frosch mit Fremdsprachenkenntnissen in eine Pfütze und macht »Kikeriki!«.

Die Olchi-Kinder spielen mit einem alten, zerfledderten Fußball und stürmen durch die Schlammpfützen, dass es nur so spritzt. Plötzlich fällt dem einen Olchi-Kind eine Frage ein: »Papa, was wird eigentlich aus einem Fußballstar, wenn er nicht mehr gut sehen kann?« »Dann wird er Schiedsrichter«, erklärt Olchi-Papa.

Olchi-Mama und Olchi-Papa machen einen romantischen Mondschein-Spaziergang über die Müllberge. Der Vollmond hängt wie eine riesige Laterne am Himmel. »Stell dir bloß vor, der Mond ist so groß, dass Millionen Olchis darauf Platz hätten«, sagt Olchi-Papa. »Matsch mit Soße, was sollten die denn dann alle bei Halbmond machen?«, wendet Olchi-Mama ein.

Olchi-Opa und das Olchi-Kind sitzen auf einem kleinen Müllberg und beobachten einen Vogel, der sich gerade ein Nest baut.
»Welcher Vogel baut eigentlich kein Nest?«, will das Olchi-Kind wissen.
»Der Kuckuck.«
»Warum nicht?«
»Weil er in einer Uhr wohnt!«

Mama Maus geht mit ihrem Sohn auf der Müllhalde von Schmuddelfing spazieren. Treffen sie auf eine Katze. Plötzlich fängt Mama Maus ganz laut an zu bellen, und der Kater sucht das Weite. Meint Mama Maus: »Es ist doch immer gut, wenn man Fremdsprachen beherrscht.«

Olchi-Mama ist wieder einmal auf der Müllkippe fündig geworden. Zufrieden hebt sie eine verrostete Thermoskanne in die Höhe.
»Toll, so eine Thermoskanne«, sagt Olchi-Mama. »Im Winter hält sie unseren Müllkräutertee warm und im Sommer die Pfützensprudel-Limonade kalt.«
»Ja«, sagt das Olchi-Kind. »Und dass so eine kleine Thermosflasche weiß, wann Sommer und wann Winter ist!«

Das Olchi-Kind und der Olchi-Opa sitzen beim Picknick auf dem Müllberg und zerkruspeln Turnschuhsohlen. Da fliegt ein großer Vogelschwarm über die Müllhalde.
»Opa, warum fliegen im Winter so viele Vögel nach Süden?«, fragt das Olchi-Kind.
»Rattenschwanz und Krötenfurz, weil es zum Laufen natürlich zu weit wäre.«

Im Abfall liegt ein alter Hut. Steht er Olchi-Oma gut?
Sie schaut in eine Spiegelscherbe, um sich zu betrachten. Der Hut rutscht Olchi-Oma aber über die Hörhörner und die Augen. »Käsewurm und Krötenfurz, leider viel zu groß«, seufzt sie.
»Woher willst du das denn wissen?«, fragt das Olchi-Kind. »Du siehst ja gar nichts!«

Vier Mäuse leben in einer Wohngemeinschaft in einer rostigen Konservenbüchse auf der Müllhalde in Schmuddelfing.
»Wer hat meine Kartoffelchips verdrückt?«, schimpft die eine.
»Wer hat meinen Schnaps getrunken?«, beschwert sich die zweite.
»Wer hat meinen Plattenspieler kaputt gemacht?«, ruft die dritte.
Da tanzt die vierte Maus in die Konservenbüchse hinein: »Schmatz-hicks-tscha-tscha-tscha …«

Olchi-Mama zieht ein zehn Meter langes Tau hinter sich her. Olchi-Papa fragt: »Warum ziehst zu denn das Tau hinter dir her?« Darauf Olchi-Mama: »Schleimige Schlammsocke, hab schon versucht, es zu schieben, ging auch nicht besser.«

Olchi-Oma geht mit zwei großen Dosen Fahrradöl in der Hand über die Müllhalde. Gerade als sie bei Olchi-Opa ankommt, rutscht ihr eine aus der Hand und läuft aus. »Oh Käsefuß, oh Käsefuß, wie schade«, sagt Olchi-Oma traurig, »jetzt habe ich deine fallen lassen, Opa!«

Der Olchi-Junge saust auf einem Skatebord die Müllhalde hinunter.

»Beim Käsefurz, wird dir denn nicht schwindelig?«, ruft das Olchi-Mädchen ihm zu.

»Matsch mit Soße«, ruft der Olchi-Junge zurück. »Ich hab da einen oberolchig guten Trick. Wenn's ganz schlimm ist, mach ich die Augen zu.«

Olchi-Oma hat ein kleines Blumenbeet vor der Muffelhöhle angelegt. Nun will sie die Blumen gießen. Sagt Olchi-Mama: »Aber das ist doch Matsch mit Soße, es wird gleich Regen kommen.«
»Macht nichts«, sagt Olchi-Oma, »nehm ich halt den Schirm mit.«

Olchi-Papa blättert in einem Telefonbuch, das er in einer Pfütze auf der Müllhalde gefunden hat, und liest: »Meier, Meier, Meier, Meier und so weiter. Dampfender Müllsack«, sagt er, »kaum zu glauben, wie viele Anschlüsse dieser Mensch hat.«

Olchi-Mama betrachtet den Sternenhimmel und fragt sich: »Wie viel Prozent Fett hat eigentlich die Milchstraße?«

Sagt die Tausendfüßlermama zum
Tausendfüßlerkind: »Ich hab eine gute
und eine schlechte Nachricht für dich.
Zuerst die gute Nachricht: Ich hab dir
neue Schuhe gekauft.«
»Und die schlechte?«
»Es sind Schnürstiefel.«

Mama Spitzmaus geht mit ihrem kleinen
Mäusekind auf der Müllhalde spazieren.
Über ihnen flattert Flutschi, die lustige
Fledermaus der Olchis. Flüstert die
kleine Spitzmaus entzückt: »Guck mal
Mami. Dort oben fliegt ein Engel!«

Olchi-Oma spaziert über die Müllhalde. Da
tritt ihr ein kleiner, dicker Mann mit einem
Vollbart entgegen. »Gestatten Sie, mein Name
ist Baumeister«, sagt der kleine, dicke Herr
mit Vollbart. »Baumeister? Baumeister?«, sagt
Olchi-Oma. »Warten Sie mal. Kenne ich Sie
nicht? Sind Sie nicht so ein kleiner Dicker mit
einem Vollbart?«

Staunend sieht das Olchi-Mädchen zu, wie ein Flugzeug am wolkenlosen Himmel Kondensstreifen hinterlässt. Entrüstet läuft es zur Olchi-Mama: »Mama, schau dir das mal an! Glibberiger Grützbeutel, dürfen die denn das, den Himmel so verkratzen?«

Olchi-Opa hat eine Zeitung aus dem Müll gezogen und blättert darin herum. »Bei meiner pampigen Rostbeule«, sagt er, »hier steht, dass pro Sekunde ein Mensch stirbt. Das heißt also, immer wenn ich ausatme, stirbt einer!«
»Öje, hast du es schon einmal mit Mundwasser probiert?«, fragt der blaue Olchi.

Die Olchi-Kinder spielen auf der Müllhalde. Plötzlich sitzt vor dem Olchi-Mädchen eine Kröte und quakt: »Küss mich, ich bin ein verwunschener Millionär.« Das Olchi-Mädchen bückt sich, hebt die Kröte auf und steckt sie in ihre Tasche. Fragt der Olchi-Junge verwundert: »Käsewurm und Krötenfurz, warum küsst du die Kröte nicht?« »Ach, weißt du, Millionäre, die gibt's wie Sand am Meer – aber eine sprechende Kröte …«

Olchi-Oma und Olchi-Opa lümmeln auf einem rostigen Benzinkanister in der Sonne und gucken der Müllabfuhr bei der Arbeit zu. »Genau genommen ist arbeiten schön«, sagt Olchi-Oma. »Ich könnte stundenlang zusehen.«

Olchi-Opa liegt auf einer kaputten Waschmaschine und sonnt sich. Dabei denkt er über dieses und jenes nach. Er fragt sich zum Beispiel: »Wenn es schon Gabelstapler gibt … warum dann nicht auch Messer- und Löffelstapler?«

Das Olchi-Kind hat ein herrlich rostiges Fernrohr gefunden, mit dem es die Sterne beobachtet.

Da geht eine Sternschnuppe nieder.
»Oberolchigstark, jetzt hab ich einen getroffen!«

Auf der Müllhalde von Schmuddelfing kann man immer viele alte Zeitungen finden. Olchi-Papa wühlt in einem großen Zeitungsberg und blättert einige durch. »Beim borstigen Schuppenwurz, ich versteh das nicht«, grummelt Olchi-Papa. »Wenn eine berühmte Person stirbt, bringen die Zeitungen riesige Berichte. Aber wenn eine berühmte Person geboren wird, schreiben sie kein einziges Wort darüber.«

Olchi-Mama hat alte Schuhe gefunden und freut sich: »Die riechen herrlich nach Käse! Und bestimmt sind sie auch wasserdicht.«
»Na klar«, sagt Olchi-Oma anerkennend, »die Schuhe sind doch aus echtem Rindsleder, und die Kühe sind ja auch wasserdicht, sonst würde es in die Milch regnen.«

DIE HOLZWURM-MUTTI ERMAHNT IHRE KINDER: »KOMMT ENDLICH REIN! DAS ESSEN WIRD MORSCH!«

Olchi-Papa sammelt kaputte Glühbirnen.
Olchi-Mama fragt: »Spotz-Rotz! Was willst du denn mit kaputten Glühbirnen?«
Olchi-Papa: »Die brauche ich für meine neue Dunkelkammer.«

Die Olchi-Kinder haben eine
Matschknödel-Schlacht gemacht.
Ein Matschknödel hat eine Ameise
unter sich begraben. Nach zwei
Stunden hat die Ameise sich endlich
hervorgearbeitet. Sie reibt sich
ab und sagt: »So eine Gemeinheit!
Genau ins Auge!«

Olchi-Opa sucht auf der Müllkippe
nach einer neuen Lampe für die
Olchi-Höhle. Eine Glühbirne hat
er schon gefunden. »Und hier ist
ja auch der passende Ausschalter«,
murmelt Olchi-Opa zufrieden und
zieht einen Hammer aus dem
Müllberg hervor.

Die Olchi-Kinder haben einen herrlichen Schnee-Olchi gebaut. Er hält ein Ofenrohr in der Hand und hat einen alten Kochtopf auf dem Kopf. »Da habt ihr aber einen muffelfurztollen Schnee-Olchi gebaut«, sagt Olchi-Oma. »Der sieht ja genau aus wie Olchi-Opa!« »Muss er auch«, sagt das Olchi-Mädchen. »Der steckt ja da drin!«

Steht ein Hase vor dem Schnee-Olchi und sagt: »Möhre her, oder ich föhn dich!«

Kommt das Olchi-Kind zu Olchi-Oma und sagt ganz aufgeregt: »Opa saß heute vor einem alten Computer, den er im Müll gefunden hat, und verschwand dann plötzlich.«
»Fliegenschiss und Olchi-Furz, wie konnte denn das passieren?«, fragt Olchi-Oma.
»Ich weiß auch nicht«, antwortet das Olchi-Kind, »aber ich glaube, er hat die Tasten ALT und ENTF gedrückt.«

Das eine Olchi-Kind buddelt und gräbt eine ganze Weile im Müllberg. Da findet es vier Hufeisen und ist bester Laune. »Weißt du, was das bedeutet?« »Natürlich«, sagt das andere Olchi-Kind, »irgendwo auf der Welt läuft ein Pferd barfuß herum!«

Die Olchi-Kinder platschen durch Regenpfützen und schleudern fröhlich Schlammknödel durch die Gegend. Plötzlich klatscht Olchi-Opa ein dicker Schlammknödel auf die Knubbelnase. »Grrumpf-Spotz-Würg-Spei-Schleime-Schlamm- und-Käsefuß, seid ihr blind?«, ruft er. »Wieso?«, fragt der Olchi-Junge. »Wir haben dich doch genau getroffen!«

Olchi-Papa hat ein Paket Hühneraugenpflaster aus dem Müll gefischt. Jetzt muss er nur noch Schuhe finden, die drücken!

Abends sitzt Olchi-Papa muffelig vor der Höhle und denkt nach: »Da reden sie alle von der Sonne, wie wichtig sie ist, aber bei meiner glibberigen Gichtkrücke, das ist alles nur Angabe. Die scheint doch nur am Tag, wo es sowieso hell ist. Aber der Mond! Der scheint auch, wenn es dunkel ist. Muffelfurzcool!«

GESCHICHTEN AUS SCHMUDDELFING

Olchi-Opa geht spazieren und kommt an einer Verkehrsampel vorbei. Da schaltet die Ampel auf Rot.
»Krätzige Gichtkrücke, jetzt hat sie mir zugezwinkert!«, freut sich Olchi-Opa.

Heute sind die Olchis in den Tierpark von Schmuddelfing geflogen, denn dort gibt es eine Menge Viehzeug. Das Olchi-Kind fasst den schlafenden Löwen am Schwanz und zieht daran.
»Heiliger Gräterich! Hörst du wohl sofort auf!«, ruft Olchi-Mama. »Wenn das der Wärter sieht, wird er wütend!«

Die Olchis gehen in ein vornehmes Restaurant, setzen sich an einen gemütlichen Tisch und packen ihren Proviant aus: herrliche geröstete, mit verschimmeltem Käse belegte Schuhsohlen und noch allerlei andere fein faulige Dinge. Schon kommt ein Ober angezischt.
»Das geht nicht«, sagt er. »Sie können nicht einfach so dasitzen. Sie müssen etwas bestellen.«
»Machen wir«, sagt Olchi-Papa. »Bestellen Sie dem Chef hier einen schönen Gruß von uns.«

Die Olchis sind im Theater. Die Aufführung war schlecht, und das Publikum tobt. Sie pfeifen nicht nur, sie werfen alles Mögliche auf die Bühne. Besonders Olchi-Oma tobt wie eine Wilde.
Klar, dass die Schauspieler blitzartig verschwinden. Der Vorhang fällt.
Da beginnt Olchi-Oma ganz laut zu klatschen.
»Was hast du? Warum klatschst du auf einmal?«, wird sie vom Rest der Olchi-Familie gefragt.
»Ich habe noch drei Tomaten übrig und will, dass sie noch mal rauskommen.«

Gestern saß eine Fliege auf einem Hundehaufen. Da landete eine andere neben ihr und fragte: »Soll ich dir einen Witz erzählen?«
Die erste antwortete: »Gerne, aber bitte nichts Ekliges, ich esse gerade.«

Olchi-Oma sitzt im Park auf einer Bank. Kommt der Parkwächter und sagt: »He, Sie, die Bank ist frisch gestrichen!«
Olchi-Oma hält die Hand an ihr Hörhorn und fragt: »Wie?«
»Rot«, sagt der Parkwächter.

»Lasst Blumen sprechen!«, steht groß an der Gärtnerei angeschrieben. Das Olchi-Kind geht hinein und fragt: »Haben Sie Rosen, die ›Alles Gute zum Gefurztag‹ sagen können?«

Wieder einmal wird Trudilein, der Straßenschreck, angehalten.
»Sagen Sie mal, haben Sie das Schild mit der Geschwindigkeitsbeschränkung nicht gesehen?«, fragt der Polizist Schimanski.
»Sie glauben doch nicht im Ernst«, sagt Trudilein, »dass man bei dem Tempo, das ich draufhatte, noch ein Verkehrsschild erkennen kann? Na also. Und jetzt lassen Sie mich weiterfahren!«

»Wie heißen Sie?«, fragt der Polizist Schimanski und zieht seinen Block heraus.
»Ichytmondios-Anarchisthenes.«
»Und wie schreibt man das?«
»In der Mitte mit einem Bindestrich.«

Olchi-Papa will sich einen Ausweis austellen lassen.
»Besondere Kennzeichen?«, fragt der Beamte.
Sie rätseln hin und her.
Jetzt hat Olchi-Papa es:
»Ich stinke!«

Herr Oberschlau war gestern bei einem Wahrsager, der meinte: »Die Welt geht 2014 unter!« Am nächsten Morgen geht Herr Oberschlau wieder zum Wahrsager: »Die Welt kann 2014 gar nicht untergehen, denn auf meinem Schokoriegel steht, dass er erst 2015 abläuft!«

Olchi-Papa braucht Geld und geht zum Bankschalter.
»Ich bin Olchi und brauche Geld«, sagt er.
»Ja«, antwortet der Mann am Schalter, »aber können Sie sich ausweisen?«
»Ausweisen? Was heißt das?«
»Können Sie beweisen, dass Sie ein gewisser … ähm … Herr Olchi sind?«
»Moment mal«, sagt Olchi-Papa, nimmt einen Spiegel aus seiner Hosentasche, schaut hinein und sagt: »Ja, natürlich, ich bin's ganz bestimmt!«

Olchi-Oma sitzt im Bus. Gegenüber von ihr sitzt ein junger Mann, der laut Kaugummi kaut. Da sagt die Olchi-Oma: »Entschuldige, aber ich kann dich nicht hören, ich bin leider so gut wie taub.«

Das Olchi-Mädchen geht zum Arzt.
»Herr Doktor, ich glaube, mein Bruder spinnt. Er bildet sich nämlich ein, er sei eine fliegende Untertasse.«
»So leicht darf man das nicht nehmen. Er soll gleich einmal in meine Sprechstunde kommen.«
»Finde ich auch. Wo haben Sie einen geeigneten Landeplatz?«

KOMMT EIN SKELETT ZUM ZAHNARZT.
»IHRE ZÄHNE SIND GUT, ABER IHR ZAHNFLEISCH MACHT MIR SORGEN.«

Die Olchis betanken ihren Drachen Feuerstuhl mit einer Gießkanne voll Schmuddelbrühe, und dann knattern sie los. Als sie über die Kirche von Schmuddelfing hinwegfliegen, fragt das Olchi-Kind: »Warum sitzt auf der Kirchturmspitze immer ein Hahn und niemals eine Henne?«

»Ist doch klar wie Matschbrühe«, sagt Olchi-Mama. »Bei einer Henne müsste doch der Pfarrer jeden Tag hinaufgehen und das gelegte Ei herunterholen!«

»Ich möchte ein Puzzle, aber ein schwieriges«, sagt das Olchi-Mädchen im Schreibwarenladen. Der Verkäufer schleppt Spiel um Spiel heran, aber immer wieder winkt das Olchi-Mädchen geringschätzig ab. »Viiiiel zu leicht!«
Da wird es dem Verkäufer zu blöd: »Weißt du was«, sagt er. »Jetzt gehst du nebenan zum Bäcker, kaufst dir eine Tüte Semmelbrösel und setzt dir die Semmel zusammen!«

»Na, wie ging es so?«, fragt der Museumsdirektor nach dem ersten Arbeitstag den neuen Museumswärter. »Gut ging's. Sie werden zufrieden mit mir sein. Ich habe schon zwei Rembrandts und einen Rubens verkauft.«

Olchi-Papa steigt in einen Fahrstuhl. Dort steht schon eine Frau aus Bayern. Sagt die Frau: »Grüß Gott!« Da sagt Olchi-Papa: »Beim Käsefurz, so weit fahre ich nicht hinauf!«

KOMMT DER HOLZWURM IN DIE KONDITOREI UND SCHIMPFT: »IHREN SCHWINDELBETRIEB KANN MAN VERGESSEN! VON WEGEN BAUMKUCHEN!«

Neulich flogen die Olchis auf Feuerstuhl
durch die Gegend und drehten ein paar
Loopings. Als sie über Schmuddelfing
hinwegknatterten, rief Olchi-Papa:
»Glitschiges Glitschgewürm, schaut mal,
was sind das da für komische Vögel auf
der Fernsehantenne?«
»Sicher Fernsehstars«, vermutete
Olchi-Mama.

Ein Fakir betritt die Eisenwarenhandlung
in Schmuddelfing.
»Geben Sie mir bitte siebentausend Nägel
für meine Frau.«
Der Verkäufer staunt. »Wozu braucht Ihre
Frau denn so viele Nägel?«
»Sie will die Betten frisch beziehen.«

»Hab ich dein Gesicht nicht schon einmal woanders gesehen?«, wird das Olchi-Kind gefragt.
»Kaum, ich trage es immer hier oben.«

»Meine Mama sagt, dass du gar nicht verheiratet bist«, sagt das Olchi-Mädchen zum Nachbarn in Schmuddelfing.
»Nein, meine Kleine«, antwortet der Nachbar, »ich habe keine Frau.«
Das Olchi-Mädchen runzelt die Stirn.
»Komisch«, sagt sie, »und woher weißt du dann, was du tun musst?«

Zwei Vampire fahren Auto und kommen in eine Kontrolle. Fragt der Polizist: »Was haben Sie getrunken?«
»Zwei Radler.«

Die beiden Olchi-Kinder gehen angeln. Der Olchi-Junge fischt zuerst einen alten Turnschuh, dann eine Dose und schließlich eine Kaffeemühle heraus. Da flüstert das Olchi-Mädchen entsetzt: »Schlick und Schlamm, komm, wir gehen lieber fort, ich glaube, da unten wohnt einer.«

Der Bürgermeister von Schmuddelfing zum Einbrecher: »Ein Glück, dass Sie endlich da sind. Meine Frau weckt mich schon seit elf Jahren jede Nacht, weil Sie glaubt, Sie seien gekommen.«

Kommt ein Mann zu einem Zirkusdirektor und sagt: »Ich kann einen Vogel imitieren.« »Das ist nichts Neues, ich kann dich nicht gebrauchen.« »Na gut«, sagt der Mann und fliegt traurig aus dem Fenster.

Als das Olchi-Mädchen eine Freundin besuchen will, bleibt sie respektvoll am Hoftor stehen, an dem ein Schild prangt: »Vorsicht, Hund!« Als schließlich geöffnet wird, sieht sie ein klitzekleines Hündchen. »Was«, ruft das Olchi-Mädchen entrüstet, »und wegen dem krötig kleinen Pups-Hund macht ihr ein solches Schild an das Tor?« »Ja«, erklärt die Freundin, »damit er nicht zertreten wird.«

Marsmännchen Astrobbi ist in der Spielhalle. Da sieht es einen Automaten, der rattert, scheppert und eine Menge Münzen ausspuckt.
Meint das Marsmännchen: »Mit so einem Schnupfen sollten Sie aber lieber zu Hause im Bett bleiben, Herr Kollege!«

STEHEN ZWEI SCHAFE AUF DER WEIDE. MEINT DAS EINE: »MÄH!« ANTWORTET DAS ANDERE: »MÄH DOCH SELBER!«

Das Olchi-Kind fährt Straßenbahn. »Zur Müllkippe, wo muss ich denn da aussteigen?«, fragt das Olchi-Kind eine ältere Dame. »Achte darauf, wo ich aussteige«, erklärt die Dame freundlich, »eine Haltestelle vorher musst du aussteigen.«

Die Olchi-Kinder liegen in einem Gebüsch im Park und belauschen drei Männer, die auf einer Parkbank sitzen. Sagt der eine Mann: »Meine Frau hat ›Das doppelte Lottchen‹ gelesen und hat Zwillinge bekommen.« Meint der zweite Mann: »Meine Frau hat ›Die drei Musketiere‹ gelesen und hat Drillinge bekommen.« Sagt der dritte Mann: »O Gott, meine Frau liest gerade ›Ali Baba und die vierzig Räuber‹.«

Ein alter Herr empört sich: »He, du da, ich habe dich beobachtet! Du hast meinem Schäferhund die Zunge rausgestreckt.«
Olchi-Kind: »Das streite ich nicht ab, aber Ihr Hund hat angefangen.«

Ein Zauberer ruft einen Jungen aus dem Publikum auf die Bühne.
Dort gibt er ihm die Hand und sagt: »Nicht wahr, mein Junge, du hast mich noch niemals vorher gesehen, oder?«
Sagt der Junge: »Nein, Papa, noch nie!«

Das Olchi-Mädchen steht schluchzend am Straßenrand. Da kommt ein Streifenpolizist vorbei: »Warum weinst du denn, meine Kleine?« Olchi-Mädchen: »Mama hat gesagt, dass ich die Straße nur überqueren darf, wenn die Autos vorbei sind. Und nun stehe ich schon seit über einer halben Stunde hier, und es kommt noch immer keins vorbei.«

»Und Sie glauben, dass ich mit dieser Creme alle Runzeln in meinem Gesicht wegbringe?«, fragt Olchi-Oma.
»Klar doch«, sagt der Straßenverkäufer.
»Mit dieser Creme kann man sogar altes Wellblech wieder glatt kriegen.«

»Könnte man nicht meinen Mops so operieren, dass er aussieht wie ich?«, fragte die Dame im Hundesalon.
»Im Prinzip schon«, erwiderte der Besitzer des Hundesalons. »Aber preiswerter und erfolgversprechender wäre es, Sie, gnädige Frau, ließen sich so operieren, dass Sie aussehen wie Ihr Mops.«

Die Olchis spielen im Park das Große Birnenspiel.
Wie geht das?
Alle Olchis klettern auf einen Baum.
Nur einer bleibt unten und ruft: »Reif!«
Dann fallen die anderen herunter.

Olchi-Papas Hose ist geplatzt, und
nun braucht er eine neue. Darum
gehen Olchi-Papa und Olchi-Mama
in ein Hosengeschäft.
»Diese Hose passt doch wunderbar«,
sagt die Verkäuferin.
»Ich weiß nicht recht«, erwidert
Olchi-Papa. »Hier unter den Armen
kneift sie ein bisschen.«

»Das Muster des Kleides gefällt mir
aber ganz und gar nicht«, sagt Frau
Muffelmann. »Die großen Blumen
und die knalligen Farben …«
»Da machen Sie sich mal keine Sorgen«, sagt die Verkäuferin. »Nach der
ersten Wäsche ist das ganze Muster
total ausgewaschen.«

OLCHI-MAMA GEHT ZUM FRISEUR.
FRAGT DER FRISEUR: »WIE HÄTTEN
SIE DIE HAARE DENN GERN?« SAGT
OLCHI-MAMA: »SCHLAMMIG UND
WILD DURCHEINANDER!«

Die Olchis gehen in den Zoo. Am Zaun vor dem Zebragehege hängt ein Schild, auf dem steht »Achtung! Frisch gestrichen!«. Das Olchi-Kind sagt: »Rotziger Rußbeutel, ich dachte, die Streifen von den Zebras wären echt!«

Das Olchi-Kind kommt ins Haushaltswarengeschäft: »Ich möchte einen Besen, aber einen leicht verdaulichen!«
»Einen leicht verdaulichen Besen, wozu das?«, fragt der Verkäufer.
»Ich habe eine Wette verloren«, erklärt das Olchi-Kind.

Meint ein Fink zum Zebra im Tierpark von Schmuddelfing: »Es soll ja Zebrafinken geben ...«

»Hallo, hallo ...«, krächzt es kleinlaut vom Dach, »haben Sie eine weinende Dame mit einem leeren Käfig gesehen?«
»Wer spricht denn da?«
»Ich bin ihr Papagei.«

Olchi-Mama steht ratlos vor dem riesigen Regal einer Parfümerie. Eine Verkäuferin spricht sie an: »Kann ich Ihnen behilflich sein?«
Olchi-Mama erwidert: »Haben Sie irgendeinen Duft, der nach vergorenem Pups riecht?«

Olchi-Papa will dem Olchi-Kind in einem wunderbar schlammigen Tümpel das Schwimmen beibringen. Nach einer Viertelstunde fragt das Olchi-Kind: »Können wir aufhören?«
»Schlapper Schlammlappen, warum denn? Hast du etwa keine Lust mehr?«
»Doch, aber ich habe keinen Durst mehr!«

Die Olchis schauen heute bei einem Sportwettkampf zu. Zweitausendmeterlauf, Endspurt, das Publikum rast.
»Du«, schreit das eine Olchi-Kind, »der mit der roten Krawatte gewinnt.«
»Fischige Rostbeule, das ist keine Krawatte«, sagt das andere Olchi-Kind, »das ist seine Zunge.«

Die ältere, gebrechliche Dame zum kleinen Olchi-Kind in der Straßenbahn: »Möchtest du nicht aufstehen?«
»Ach, lieber nicht – nachher setzen Sie sich auf meinen Platz.«

Zwei Fliegen gehen auf der Glatze von Herrn Dickbauch spazieren. »Erinnerst du dich noch«, sagt die eine, »als wir klein waren, gab es hier eine schöne Allee, wo wir Verstecken spielen konnten!«

Sagt ein Holzwurm zum anderen: »Im Antiquitätenladen sind Möbel aus Hongkong eingetroffen. Da könnten wir mal chinesisch essen gehen.«

VOR EIN PAAR TAGEN IN SCHMUD-DELFING: EIN ELEFANT GING IN DEN SCHUHLADEN UND VERLANGTE ZWEI PAAR FILZPANTOFFELN.
»WOZU BRAUCHEN SIE DIE?«, FRAGTE DER VERKÄUFER.
»DAMIT ICH MICH BESSER AN DIE MÄUSE ANSCHLEICHEN KANN.«

Sitzt ein Pferd in der Bar. Fragt der Barmann: »He, warum so ein langes Gesicht?«

An der Kinokasse.
»Halt! Stell dich hinten als Letzter an!«
»Geht nicht«, sagt das Olchi-Kind. »Da steht schon einer.«

Kommt ein Huhn in den Elektroladen:
»Ich hätte gern eine Legebatterie!«

Ein Vampir ist beim Zahnarzt.
Nachdem das Gebiss des Vampirs wieder tipptopp in Ordnung ist, fragt der Zahnarzt: »Soll ich die Zähne noch abschleifen?«
»Abschleifen doch nicht!«, ruft der Vampir entsetzt. »Zuspitzen!«

Das Olchi-Kind radelt durch Schmuddelfing. Da kommt ein Polizist und sagt: »Wenn das Licht nicht funktioniert, absteigen!«
»Hab ich schon probiert«, meint das Olchi-Kind, »aber das Licht geht trotzdem nicht.«

Olchi-Papa kommt in ein Fischgeschäft, aus dem ein herrlich fischiges Lüftchen weht, und fragt den Verkäufer: »Können Sie mir bitte einmal diese Forelle zuwerfen?« Fragt der Fischverkäufer den Olchi-Papa: »Aber warum soll ich Ihnen denn diesen Fisch zuwerfen?«
»Damit ich zu Hause sagen kann, dass ich die Forelle gefangen habe.«

KOMMT EIN HUHN IN EINEN EINKAUFSLADEN: »KÖNNTE ICH BITTE EINEN LEEREN EIERKARTON HABEN? WIR FLIEGEN IN DEN URLAUB UND NEHMEN DIE KINDER MIT!«

Olchi-Opa steht am Teich und angelt. Da kommt Olchi-Papa vorbei und fragt: »Stinkefuß und Kleiderlaus, angelst du?«
Olchi-Opa antwortet: »Nein, ich bade nur meinen Regenwurm!«

Zwei volle Milchflaschen stehen vor einer Haustür. Fragt die eine die andere: »Warum schaust du denn so miesepetrig, was ist denn los mit dir?«
»Ach, lass mich. Ich bin sauer.«

Der Psychiater von Schmuddelfing hat alle Hände voll zu tun:
»Ich kenne Ihr Problem noch nicht, darum fangen Sie am besten ganz am Anfang an.«
»Am Anfang schuf ich Himmel und Erde.«

Nach einer niederschmetternden Niederlage spricht der Trainer des 1. FC Schmuddelfing mit seiner Mannschaft: »Ihr solltet so spielen, wie ihr noch nie gespielt habt, und nicht so, als ob ihr noch nie gespielt habt! Das ist ein Unterschied!«

Ein Fußballer des 1. FC Schmuddelfing zu seinem Trainer: »Ich kann heute nicht mittrainieren, ich habe Fieber.«
»Gut, dann brauchst du dich ja schon mal nicht warm zu laufen!«

Ein Patient in der Psychiatrie zieht an einem Faden eine Zahnbürste hinter sich her und behauptet, es sei sein Hund. Der Doktor fragt ihn jeden Tag zur Kontrolle: »Was haben Sie denn da?« Darauf der Patient: »Einen Hund!« An einem Tag jedoch antwortet der Patient auf diese Frage: »Eine Zahnbürste natürlich, was sonst!?« Der Doktor: »Sehr gut, morgen können Sie sich Ihren Entlassungsschein bei mir abholen.« Als der Doktor außer Reichweite ist, sagt der Patient zur Zahnbürste: »Den haben wir aber gut reingelegt, Fiffi!«

Olchi-Papa verlangt an der Kasse des Fußballstadions eine halbe Eintrittskarte. »Wieso nur eine halbe?«, will der Mann am Schalter wissen. »Ranziger Spülschwamm, ich interessiere mich eben nur für eine Mannschaft«, erklärt Olchi-Papa.

Das Olchi-Kind wollte eigentlich ins Kino.
»Na, hat es dir gefallen?«, wird es am anderen Tag gefragt.
»Ich bin gar nicht hineingegangen«, sagt das Olchi-Kind. »Die sind ja bescheuert! Da stand an der Kasse angeschrieben: ›Programm ein Euro‹. Was meinst du, wie teuer das bei meinem Gewicht geworden wäre!«

DAS ZIRKUSZELT STEHT IN FLAMMEN. ALLE LAUFEN DURCHEINANDER. »NUR KEINE PANIK«, RUFT DER ZIRKUSDIREKTOR, »HOLT LIEBER DEN FEUERSCHLUCKER!«

Das Olchi-Kind saust mit dem Fahrrad um die Kurve und fährt eine alte Frau um. Die schimpft: »Kannst du nicht klingeln?«
»Das schon, aber ich wollte Sie nicht erschrecken.«

Kommt ein Mann in die Zoohandlung.

»Ich brauche zehn Ratten.«

**Fragt der Verkäufer neugierig:
»Warum denn so viele?«
Antwortet der Mann:
»Ich ziehe um und soll meine
alte Wohnung so verlassen, wie
ich sie übernommen habe.«**

Auf der Straße treibt sich ein Mops herum. Da sieht das Olchi-Kind den Hund und fragt: »Was hast du denn angestellt? Bist wohl mit hundert Sachen gegen eine Mauer gerast!«

Olchi-Mama betritt die Drogerie und verlangt eine Salbe: »Den Namen hab ich vergessen«, gesteht sie dem Drogisten, »aber ich weiß noch, dass sie oberolchig gut ist und Methylaminodimentholphenyltherebinthinae enthält …!«

Eine Maus und eine Katze kommen in eine Bäckerei.
»Ich möchte gern ein Stück Apfelkuchen mit Sahne«, sagt die Maus.
»Und Sie?«, fragt die Verkäuferin die Katze.
»Ach, nur einen Klecks Sahne auf die Maus.«

»Zurzeit habe ich eine Pechsträhne«, sagt der Specht im Stadtpark von Schmuddelfing. »Ich kann anklopfen, wo ich will, überall ist der Wurm drin.«

In Schmuddelfing ist direkt neben der Müllhalde ein Haus zu verkaufen, und Familie Witzigmann besichtigt es.

»Also, die Mülldeponie stört mich schon sehr«, meint Herr Witzigmann.

»Sagen Sie das nicht«, antwortet der Makler. »Da wissen Sie immer ganz genau, aus welcher Richtung der Wind kommt.«

»Na gut. Aber die Dynamitfabrik gleich nebenan!«

»Ach, da machen Sie sich mal keine Sorgen. Eines schönen Tages fliegt die sowieso in die Luft!«

Die Olchis stehen vor einem Denkmal im Stadtpark. »Wer ist das?«, fragt das Olchi-Kind. Olchi-Papa überlegt eine Weile und sagt dann: »Rotzteufliger Kotzbeutel, ich kann es dir nicht sagen. Irgend so ein Geistesriese. Aber weißt du was? Ich hab eine muffelfurzcoole Idee. Wir malen ihm die Nase weiß an, dann kannst du morgen in der Zeitung lesen, wer's ist.«

Maus und Elefant schleichen über die Kellertreppe. »Pass auf«, sagt die Maus, »hier stehen Mausefallen.«

Olchi-Opa und die Olchi-Kinder stehen vor einer Mauer. Das erste Olchi-Kind nimmt Anlauf und springt rüber. Das zweite schafft es ebenfalls. Da nimmt Olchi-Opa Anlauf und springt dagegen.
Als er wieder zu sich kommt, sagt er: »Bei meinem krätzigen Stinkstiefel, ich glaube, ich bin am höchsten gesprungen. Ich habe nämlich die Sterne gesehen!«

Hannes prahlt mal wieder: »Mein Vater hat bei seinem Job Tausende von Menschen unter sich!«
»Dann ist er wohl Firmenchef eines großen Unternehmens?«
»Nein, der Friedhofsgärtner von Schmuddelfing!«

Das Olchi-Kind kommt in den Laden und fragt: »Haben Sie Käse vom blauen Pferd?«
»Aber Kind, das muss doch ein Irrtum sein.«
»Nein, Mama hat gesagt, ich soll Blauschimmelkäse holen.«

»UNSERE KATZE GEHT JETZT IN DEN AEROBIC-KURS.«
»WIESO DAS?«
»WEIL SIE DORT EINEN GANZ TOLLEN MUSKELKATER KRIEGT!«

Keiner ist kleiner als Rainer. Wenn er durch den Stadtpark geht, kommen die Enten und füttern ihn.

»Man bohrt nicht mit dem Zeigefinger in der Nase«, sagt eine feine Dame zum Olchi-Kind.
»Ach so, welchen Finger nimmt man denn?«, will das Olchi-Kind wissen.

»Ist es wahr, dass deine große Schwester so faul wie ein Olchi ist?«, wird Kurt von seinem Freund gefragt.
»Das kann man wohl sagen«, bestätigt Kurt, »sie ist sogar zu faul, sich früh einen Kaffee zu machen; sie nimmt das Kaffeepulver in den Mund und trinkt einfach heißes Wasser hinterher.«

Das Hotel in Schmuddelfing ist das Letzte. Um 6 Uhr morgens klopft das Zimmermädchen an die Tür.
»Was soll das! Wir wollten doch gar nicht geweckt werden!«
»Tut mir leid«, flüstert das Zimmermädchen. »Aber das Hotel braucht die Bettlaken jetzt für die Frühstückstische!«

»Ich brauche kein Hotelzimmer«, sagt der geheimnisvolle Gast an der Rezeption. »Mir genügt ein langer Flur. Ich bin nämlich Schlafwandler.«

Fragt der Zahnarzt den Olchi-Opa: »Soll ich den Zahn vor dem Ziehen betäuben?« »Spotz-Rotz, kommt gar nicht infrage«, antwortet Olchi-Opa. »So lange hat er mich schon gequält, jetzt schonen wir ihn auch nicht!«

Drei Kühe stehen auf der Weide.
Sagt die eine: »Muh!«
Sagt die zweite: »Muh, muh!«
Sagt die dritte: »Muh, muh, muh!«
Meint die erste zur zweiten Kuh:
»Komm, lass uns gehen, die andere redet immer so viel!«

Das Olchi-Kind ist vom Fahrrad gestürzt und mit dem Kopf voraus auf den Boden gefallen. Das sieht eine Frau und fragt: »Bist du vom Fahrrad gestürzt? Hast du dir wehgetan?«
»Ach was«, sagt das Olchi-Kind. »Ich bremse immer mit der Knubbelnase.«

Ein Fremder geht in Schmuddelfing auf einen Einheimischen zu und sagt: »Entschuldigen Sie, ich bin fremd hier …«
Der Einheimische schaut ihn freundlich an und meint: »Entschuldigung angenommen.«

»JETZT BIST DU SCHON SO ALT UND HAST WIEDER INS NEST GEMACHT«, SAGT DIE TAUBENMAMA ZUM TAUBENBABY. »ES WIRD ZEIT, DASS DU LERNST, RÜBER AUFS KÖNIG-AUGUST-DENKMAL ZU GEHEN.«

Der Arzt hat Olchi-Papa das Treppensteigen verboten. »Das geht so nicht«, schimpft Olchi-Papa und geht erneut in die Sprechstunde. »Also, Herr Doktor, Sie müssen mir das Treppensteigen wieder erlauben, das ständige Auf und Ab an der Dachrinne wird mir allmählich zu anstrengend!«

»Mein Flocki kann jetzt Zeitung lesen«,
sagt der Hundebesitzer Tommy stolz.
»Ich weiß, ich weiß«, sagt ein anderer
stolzer Hundebesitzer. »Mein Bello hat's
mir gestern am Telefon erzählt.«

Neulich trafen sich in Schmuddelfing zwei Hunde. Fragte der eine: »Ich heiße Arko vom Schlosshof. Und du, bist du auch adelig?«
Sagte der andere: »Ich heiße Runter vom Sofa!«

Omi ist zu Besuch und schläft bei Susi im Zimmer.
Nachts, als Omi ins Bett geht, ist Susi noch wach und lugt unter der Bettdecke hervor.
Da sieht sie, wie Oma die Perücke abnimmt und das Gebiss heraustut – Susi springt begeistert aus dem Bett und läuft zu den Eltern.
»Unsere Omi ist zerlegbar!«, ruft sie.

»Hast du Klopapier gekauft?«
»Nein, ich bring meine Sachen in die Reinigung!«

Das Olchi-Kind wählt die Telefonnummer von Metzgermeister Wammerl.
»Hast du einen Schweinebauch?«
»Ja«, sagt der Metzger.
»Hast du Schweinefüße?«
»Ja.«
»Und auch Schweineohren?«
»Ja, hab ich auch.«
»Würmerfurz und Scheibenkleister, musst du aber schrecklich aussehen!«

Die Olchis sind heute im Zoo: »Wir möchten so gerne ein wildes Tier haben!«, betteln die Olchi-Kinder.
»Aber woher sollen wir denn das ganze Futter nehmen?«, fragt Olchi-Papa.
Da strahlt der Olchi-Junge: »Wir nehmen einfach eins, wo draufsteht ›Nicht füttern‹!«
Schimmel, Rost und Löcherfraß, Tiere machen so viel Spaß!

Ein Mann hat seinem Hund das Pokerspielen beigebracht. Immer häufiger zockt das begabte Tier in der Runde mit.
»Dein Hund pokert wirklich fabelhaft«, sagt einer der Spieler in einer Pause zu dem Besitzer. »Vor allem sein Pokerface ist nicht zu übertreffen!«
»Das stimmt«, sagt der, »aber einen Fehler macht er immer noch: Sobald er ein gutes Blatt hat, wedelt er mit dem Schwanz.«

OLCHIGE SCHÜLERWITZE

Erster Schultag. Die Olchi-Kinder kommen nach Hause.
»Na, wie war es?«, möchte die Olchi-Mama neugierig wissen.
»Es ging so«, meint das Olchi-Mädchen. »Aber morgen müssen wir noch mal hin. Wir sind heute nicht ganz fertig geworden.«

Lehrer zum Olchi-Jungen: »Kannst du mir die Frage beantworten, was grün ist und an Bäumen hängt?« Der Olchi-Junge antwortet: »Muffel-Furz-Teufel, das ist natürlich Giraffenschnodder.«

Das Olchi-Kind schläft im Unterricht ein und schnarcht wie ein Holzfäller.
Lehrer: »Ich glaube nicht, dass das hier der richtige Platz zum Schlafen ist.«
Olchi-Kind: »Es geht schon. Sie müssen nur leiser sprechen.«

»Warum streitet ihr euch denn?«, will der Lehrer vom Olchi-Kind und dem kleinen Lasse wissen.
»Dieser Blödmann!«, sagt Lasse. »Erst hat das Olchi-Kind mein ganzes Tintenfass ausgetrunken, und jetzt will es das Löschblatt nicht hinunterschlucken.«

Die Olchi-Kinder sind heute in der Schule. Alle Schüler versammeln sich auf dem Pausenhof. Dort sagt die Lehrerin: »Jetzt passt mal gut auf. Ich stimme jetzt ein Lied an, und dann fällt die ganze Schule ein.«

Der Olchi-Junge taucht mit seinem Zeugnis auf der Müllkippe auf und meint schimpfend zu der versammelten Olchi-Familie: »Muffel-Furz-Teufel! Mein Lehrer hat so eine krötige Grätenschrift. Der macht die Einser so, dass sie aussehen wie Vierer!«

Klassenarbeit: Die zwei Olchi-Kinder geben beide einen weißen Zettel ab.

Fragt die Lehrerin: »Habt ihr abgeschrieben?«

Fragt der Vater Paulchen: »Mein Sohn, warum bist du in Geschichte so miserabel?« Antwortet Paulchen: »Das kommt daher, weil der Lehrer immer Sachen fragt, die schon so lange vorbei sind.«

Der Lehrer kommt mit dem Olchi-Kind einfach nicht zurecht. Darum lässt er Olchi-Papa kommen und berichtet: »Ich weiß nicht, ihr Kind macht während des Unterrichts immer so einen völlig verschlafenen Eindruck.«
»Das sind wahrscheinlich die Talente, die in ihm schlummern«, entgegnet Olchi-Papa.

IN DER RECHENSTUNDE BRINGT DIE LEHRERIN EIN BEISPIEL. »ES GIBT SIEBEN KINDER. SIE HABEN ZWEI SCHOKORIEGEL. WIE TEILEN SIE DAS?«
»ÜBERHAUPT NICHT«, MEINT DAS OLCHI-KIND. »TEILEN LOHNT SICH DOCH ÜBERHAUPT NICHT!«

Lehrer: »Olchi, komm sofort an die Tafel!«
Schüler: »Herr Lehrer, das Olchi-Kind fehlt heute.«
Lehrer: »Ruhe, Olchi soll gefälligst selbst antworten.«

Die Lehrerin sagt zu der Klasse: »Ich werde euch jetzt jeden Montag früh eine Frage stellen, und wer sie richtig beantwortet, der hat bis nächste Woche frei.« Am nächsten Montag früh fängt sie sofort damit an. Sie fragt: »Wie viel Liter Wasser hat das Schwarze Meer?« Keiner weiß es. Die Woche darauf fragt sie: »Wie viele Sandkörner hat die Sahara?« Wieder weiß es keiner. Am darauffolgenden Montag legt das Olchi-Mädchen eine Ein-Euro-Münze auf das Lehrerpult. Als die Lehrerin reinkommt und es entdeckt, fragt sie: »Wem gehört dieses Ein-Euro-Stück?« Das Olchi-Mädchen steht auf, nimmt der Lehrerin die Münze aus der Hand, geht zur Tür und sagt: »MIR – und tschüs bis nächste Woche!«

Fragt die Olchi-Oma den Olchi-Jungen: »Wie gefällt es dir denn so in der Schule?«
»Eigentlich ganz gut.«
»Was heißt da ›eigentlich‹?«
»Na ja, weil halt jedes Mal ein halber Tag hin ist.«

Das Olchi-Kind steht vor dem Klassenzimmer. Da kommt ein Lehrer vorbei.
»Was machst du da?«
Meint das Olchi-Kind: »Ich bin vom Umweltschutz.«
»Was soll das heißen?«
»Die anderen Kinder haben gesagt, ich muss aufpassen, dass die Luft rein ist.«

»Pflichterfüllung ist das Wichtigste im Leben!«, flötet der Lehrer. »Peterchen, angenommen, du bist auf dem Schulweg, und ein Kumpel kommt daher und will dich dazu überreden, noch schnell in die Eisdiele zu gehen. Was würdest du wählen?«
»Schoko mit extraviel Sahne«, antwortet Peterchen.

»Wo wurde Jesus geboren?«, will der Religionslehrer wissen.
Olchi-Kind: »In Erkorn.«
»Wie kommst du denn darauf?«
Olchi-Kind: »Na, wir singen doch immer ›Uns ist ein Kindlein heut gebor'n, von einer Jungfrau aus Erkorn …‹«

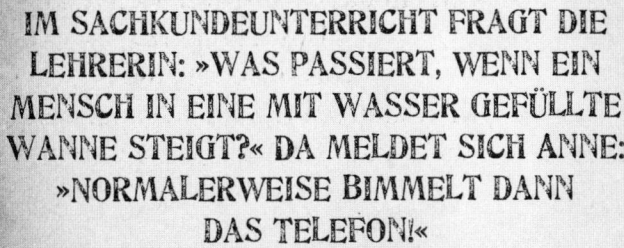

IM SACHKUNDEUNTERRICHT FRAGT DIE LEHRERIN: »WAS PASSIERT, WENN EIN MENSCH IN EINE MIT WASSER GEFÜLLTE WANNE STEIGT?« DA MELDET SICH ANNE: »NORMALERWEISE BIMMELT DANN DAS TELEFON!«

»Oh Käsefuß, keine einzige Zahl im Lotto richtig«, seufzte Olchi-Papa am Samstagabend.
»Nimm's nicht so tragisch«, tröstete das Olchi-Kind, »mir ging's heute in der Mathe-Schulaufgabe genauso.«

»Du bist eine geschlagene Stunde zu spät!«, ermahnt der Lehrer das Olchi-Kind. »Warum? War irgendwas Besonderes los?«

Fragt der Lehrer: »Was stellt ihr euch unter einer Hängebrücke vor?«
Antwortet das Olchi-Kind: »Wasser!«

Lehrer zum Olchi-Kind: »Mit dir ist es aber auch immer dasselbe. Du arbeitest langsam, du liest langsam, du schreibst langsam, du denkst langsam. Gibt es überhaupt etwas, was bei dir schnell geht?«
Olchi-Kind: »Ja! Mir fallen schnell die Augen zu.«

»Warum hat das Flugzeug einen Propeller?«, möchte der Lehrer wissen.
»Damit der Pilot nicht schwitzt«, antwortet Paulchen.
»So ein Unsinn, das ist ja völlig falsch.«
»Komisch«, erwidert Paulchen, »ich hab einmal im Fernsehen mitbekommen, wie in einem Flugzeug der Propeller ausgefallen ist. Da hätten Sie mal sehen müssen, wie der Pilot geschwitzt hat.«

Olchi-Papa zum Olchi-Kind: »Also, ich muss schon sagen, dein Zeugnis lässt zu wünschen übrig!«
»Juhu, wie krötig! Dann wünsch ich mir ein Fahrrad und dass Mama einen Stinkerkuchen backt!«

Sagt die Null zur Acht: »Schöner Gürtel!«

Lehrer: »In den griechischen Sagen gibt es ja die erstaunlichsten Wesen. Manche sind halb Mensch, halb Tier. Wie heißt zum Beispiel das Zwischending zwischen Mensch und Pferd?«
Das Olchi-Kind kennt die Lösung: »Sattel!«

Das Olchi-Kind zeigt auf den Bauch der schwangeren Lehrerin: »Was ist das?«
Lehrerin: »Das ist mein süßes Baby.«
Olchi-Kind: »Hast du es denn lieb?«
Lehrerin: »Ja, sehr sogar.«
Olchi-Kind: »Fliegenpups und Krötenleim, und warum hast du es dann aufgegessen?«

**LEHRER: »WAS IST DEIN VATER?«
OLCHI-KIND: »ALLES, WAS AUF
DEN TISCH KOMMT.«**

»Kinder, so schwer war die Hausaufgabe
doch nicht«, behauptet die Lehrerin.
»Wenn ein Mann dreißig Kilometer
in sechs Stunden geht, wie viel geht er
dann in dreizehn Stunden?«
»Keine Ahnung«, sagt das Olchi-Kind.
»Mein Papa ist noch nicht zurück.«

»Was habt ihr heute im Unterricht gemacht?«,
fragt Olchi-Papa interessiert.
»Der Lehrer hat über die Entfernung der Sterne
gesprochen«, sagt das Olchi-Mädchen.
»Beim schwefligen Käsefurz, das klingt spannend!
Und wie entfernt man sie?«

Die kleine Ida spaziert mit einem riesigen
Schulranzen die Straße entlang.
Da begegnet sie dem Rektor der Schule. Der
lächelt sie an, aber sie erkennt ihn nicht.
»Wie alt bist du?«, fragt er Ida.
»Sechs. Und in die Schule gehe ich auch
schon«, entgegnet sie.
»Und ich bin zweiundfünfzig«, sagt der
Rektor, »und gehe immer noch zur Schule.«
»Da musst du aber ganz schön doof sein«,
meint Ida.

Meint der Lehrer zum Olchi-Mädchen: »Erkläre mir einmal, warum kannst du mir meine Fragen nicht beantworten?«
»Weil ich dann nicht mehr in die Schule müsste.«

»Deine Schrift ist absolut unleserlich«,
sagte die Lehrerin zum Olchi-Kind. »Ich
verlange, dass du deutlich schreibst.«
»Lieber nicht«, meinte das Olchi-Kind,
»dann können Sie ja alle meine Rechtschreibfehler erkennen!«

»Stell dir vor, ich war einmal ein Zwilling«, erzählt die kleine Lisa ihrer Tischnachbarin.
»Quatsch, wie kommst du denn darauf?«, will diese wissen.
»Meine Mutter hat gesagt: ›Ich habe Fotos von dir, als du noch zwei warst!‹«

Fragt die Lehrerin in der Klasse: »Was ist das für eine Zeit, wenn ich sage: ›Ich bin schön‹?« »Vergangenheit«, antwortet das Olchi-Kind.

»Weißt du, wo mein Bleistift steckt?«, fragt das eine Olchi-Kind das andere.
»Furzklar. Hinter deinem Hörhorn!«
»Borstige Schuppenwurz! Mach's nicht so kompliziert, ich habe keine Zeit zum Suchen! Hinter welchem? Hinterm rechten, mittleren oder hinterm linken?«

Im Biologieunterricht fragt die Lehrerin: »Wer kann mir sagen, was Seuchen sind?« Das Olchi-Mädchen meldet sich: »Säuchen, das sind kleine Schweine.«

Im Literaturunterricht. Der Lehrer fragt nach einem berühmten Dichter in England. Erst Stille, dann ruft jemand »Nebel«. »Wieso Nebel?«, fragt der Lehrer erstaunt. »Na ja«, erklärt der Schüler, »in der Zeitung stand: ›Dichter Nebel ist heute wieder in London.‹«

Das Olchi-Kind flüstert der Schülerin Pauline zu: »Eure Lehrerin ist ja ein ganz schön grindiger Stinkstiefel, nicht wahr?« Sagt die Lehrerin: »Pst, halt den Mund, das weiß Pauline bestimmt selbst!«

Motzt Lieschen: »Heute hatten wir drei Stunden am Stück Englisch!«
»Reg dich ab«, meint Papa. »Die Engländer haben es den ganzen Tag!«

»Muffel-Furz-Teufel, dich kann man doch zu überhaupt nichts gebrauchen«, schimpft Olchi-Papa.
»Dooooch«, wehrt sich der Olchi-Junge. »Der Lehrer gebraucht mich als abschreckendes Beispiel.«

DAS OLCHI-KIND FRAGT DEN LEHRER: »KANN MAN EIGENTLICH FÜR ETWAS BESTRAFT WERDEN, WAS MAN NICHT GEMACHT HAT?«
»NATÜRLICH NICHT!«, ENTGEGNET DER. »GRÄTIGER LÄUSERICH, DAS IST TOLL!«, MEINT DAS OLCHI-KIND. »ICH HABE NÄMLICH MEINE HAUSAUFGABEN NICHT GEMACHT!«

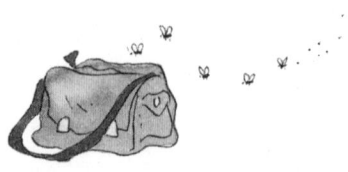

Das Olchi-Kind wird vom Lehrer gefragt:
»Hast du ein kleines Geschwisterchen?«
»Mäusefurz und Fliegenleim, ja, das hab ich.«
»Und wem ähnelt es?«
»Also, die Knubbelnase hat das Olchi-Baby
von Papa, die Glupschaugen von Mama und
die Stimme von einer Polizeisirene.«

ZWEI SCHÜLER UNTERHALTEN
SICH. JAMMERT DER EINE: »MEINE
SCHWESTER SPIELT STÄNDIG
BELEIDIGTE LEBERWURST.«
DARAUF DER ANDERE: »HAST DU ES
GUT! MEINE SPIELT GEIGE!«

»Ich gehe nicht in die Schule.«
»Doch, du gehst!«
»Nein! Die Schüler hassen mich,
die Lehrer verachten mich, und der
Hausmeister ist auch nicht gut auf
mich zu sprechen.«
»Jetzt reiß dich zusammen, du bist
schließlich der Direktor!«

»Was kommt nach fünf?«, fragt Olchi-Papa.
»Sechs«, grölen die Olchi-Kinder.
»Was kommt nach sechs?«, fragt Olchi-Papa weiter.
»Sieben.«
»Olchi-stark«, lobt Olchi-Papa. »Und was kommt nach acht?«
»Die Tagesschau!«, rufen die Olchi-Kinder im Chor.

LEHRER: »WAS ERGIBT SIEBEN MAL SIEBEN?«
OLCHI-KIND: »GANZ FEINEN SAND.«

»Wer kann mir die Namen der drei Eisheiligen nennen?«, fragt der Religionslehrer.
»Langnese, Schöller und Dr. Oetker!«, antwortet das Olchi-Kind.

Olchi-Opa fragt die Olchi-Kinder: »Na, wie war euer Ausflug in die Schule?«
Olchi-Kind: »Eigentlich recht gut, aber irgendwie schade, dass der Lehrer so wenig wusste. Andauernd hat er Fragen gestellt.«

Lehrer: »Katja, nenne mir einen berühmten Dichter!«
Schülerin: »Achilles, Herr Lehrer!«
Lehrer: »Aber Katja, Achilles war doch kein Dichter.«
Schülerin: »So? Er wurde aber durch seine Verse berühmt.«

»Mein Bruder trägt immer Golfsocken«, sagt das Olchi-Mädchen zur Schülerin.
»Was ist das?«
»Strümpfe mit achtzehn Löchern.«

Das Olchi-Kind fragt die Lehrerin: »Ist prügeln und schlagen eigentlich dasselbe?«
»Ja, das stimmt.«
»Schleime-Schlamm-und-Käsefuß, dann versteh ich nicht, warum immer alle lachen, wenn ich sage, es hat zwölf geprügelt.«

IRGENDWO IN DER WEITEN WELT

»SPOTZTEUFEL, WIE KLEIN IST DOCH DIE WELT«, SAGT OLCHI-OPA, ALS ER GEDANKENVERSUNKEN EINEN TASCHENATLAS DURCHBLÄTTERT.

Ein Kuckuck fliegt über das Meer. Unten schwimmt gerade ein Hai, sieht hoch und ruft: »Kuckuck!«
Ruft der Kuckuck: »Hai!« (Hi!)

Olchi-Opa hat sich entschlossen, noch einmal wie in alten Zeiten um die Welt zu reisen und Abenteuer zu erleben.
»Oh Käsefuß, Olchi-Opa macht mir große Sorgen«, sagt Olchi-Oma.
»Wieso?«
»Er macht gerade einen Segeltörn im Mittelmeer. Gestern kam eine Karte. Darauf stand: ›Na, ihr lieben Stinkerfüße, ich liege muffelig an Deck in der Sonne und habe Zypern im Rücken.‹«
»Na und?«
»Jetzt können wir nur hoffen, dass er Zypern wieder loskriegt und bald wieder gesund wird!«

»Opa, erzählst du uns noch von einem deiner Abenteuer?«, betteln die Olchi-Kinder.
»Bei meinem krätzigen Stinkstiefel, das mach ich doch gern«, meint Olchi-Opa. »Also, vor 312 Jahren war ich Löwenjäger in Afrika.«
»Mäusefurz und Fliegenleim, wie spannend!«, ruft das Olchi-Mädchen. »Hast du denn Glück gehabt auf der Löwenjagd?«
»Und ob! Nicht einer ist mir begegnet«, sagt Olchi-Opa.

Maus und Elefant wollen über die Grenze. »Aber wie soll ich durch den Zoll kommen?«, sagt der Elefant zur Maus. »Du hast es da leicht, dich sieht man nicht.«
»Kein Problem«, sagt die Maus. »Das haben wir gleich.« Und sie klebt dem Elefanten ein halbes Brötchen auf den Kopf und das andere halbe Brötchen aufs Hinterteil.
»So, und jetzt bist du mein Reiseproviant«, sagt sie.

Der Drache Feuerstuhl hat einen Schnupfen und fühlt sich nicht gut, darum reisen die Olchis heute mit der Eisenbahn. Im Eisenbahnabteil buchstabiert das Olchi-Kind am Fenster: »Nicht hi-naus-leh-nen!« Nach einigem Nachdenken fragt es den Olchi-Papa: »Fällt der Zug um, wenn man sich zum Fenster hinauslehnt?«

Treffen sich zwei Tiere.
Fragt das eine: »Ja, was bist du denn?«
»Ich bin ein Wolfshund. Mein Papa war ein Wolf, meine Mama ein Hund. Und was bist du?«
»Ich bin ein Ameisenbär.«
Daraufhin der Wolfshund: »Nee, das glaub ich dir nicht!«

Olchi-Opa erzählt wieder einmal eine Geschichte aus seinem Leben. »Vor 259 Jahren wanderte ich durch den Wald, da kamen mir drei Zwerge entgegen. Es waren Schneewittchens Zwerge.«
»Wieso?«, fragt das Olchi-Kind. »Waren das nicht sieben?«
»Matsch mit Soße! Personaleinsparung. Schneewittchen hatte sich längst Waschmaschine, Tiefkühltruhe und Staubsauger gekauft.«

»Vor genau 245 Jahren war ich zum Wandern in den Alpen«, erzählt Olchi-Opa, der schon soooo viel erlebt hat. »Toll!«, ruft das Olchi-Mädchen. »Und wie war es dort?«
»Eigentlich ganz schön«, meint Olchi-Opa. »Nur sah man von der Landschaft nicht so viel. Weil überall Berge herumstanden und die Sicht versperrten.«

DREI RIESEN FAHREN MIT DEM RAD DURCH DIE GEGEND. RUFT PLÖTZLICH EINER: »HE, HALTET DOCH MAL AN, ICH GLAUB, MIR IST EINE ENTE INS AUGE GEFLOGEN!«

Am Grenzübergang fragt der Zöllner den Autofahrer: »Drogen, Alkohol, Zigaretten?«
Sagt der Autofahrer: »Nein, danke. Wir haben alles.«

»Vor 250 Jahren habe ich viele Abenteuer in China erlebt«, prahlt Olchi-Opa. »Darum kann ich auch Chinesisch!«
»Muffelfurzcool!«, ruft das Olchi-Kind. »Was heißt denn Dieb auf Chinesisch, Opa?«
»Lang Fing.«
»Und Polizist?«
»Lang Fing Fang.«

Ein Luxusdampfer kommt bei seiner Fahrt durch den Pazifischen Ozean an einer kleinen, abgelegenen Insel vorbei. Eine ausgehungerte Gestalt in lumpigen Fetzen fuchtelt wie wild mit den Armen, rennt wie verrückt am Strand auf und ab und versucht, die Aufmerksamkeit auf sich zu lenken.
»Was will der denn?«, fragt eine Reisende neugierig den Kapitän.
»Ach, der freut sich immer so riesig, wenn wir hier vorbeikommen.«

»Wenn dein Nachbar einen Fehler macht, dann sollst du immer ein Auge zudrücken«, hat der Pastor gepredigt. »Ist doch klar«, sagen die Cowboys. »Wie soll man sonst zielen!«

Die Olchis sind heute mit ihrem Drachen zum Meer geflogen. Olchi-Oma ist gar nicht begeistert. Ihr tut die frische Luft nicht gut, und obendrein ist gerade Ebbe. »Siehst du«, sagt Olchi-Oma, »kaum sind wir da, schon haut das Meer ab!«

Die alte Dame fragt am Strand das kleine Olchi-Kind: »Werden hier eigentlich viele Wracks angeschwemmt?« »Nein«, antwortet das Olchi-Kind, »Sie sind das erste.«

Ein Hai hat gerade einen Windsurfer verspeist, guckt noch einmal auf das leer treibende Brett zurück, schluckt und sagt: »Hübsch serviert, so mit Serviette und Frühstücksbrettchen!«

Auf hohem Bergesgipfel platzt dem Herrn Tausendpfund eine dichterische Ader. Er nimmt seinen Kugelschreiber und verewigt sich im Hüttenbuch mit folgendem Vers:
»Alpenrose — schönste Rose,
schönste Rose — Alpenrose.
Dein Tausendpfund.«
Landen nach ihm die Olchis mit ihrem Drachen auf dem Berggipfel, und der dichterisch begabte Olchi-Opa schreibt darunter:
»Tausendpfund — blöder Hund,
blöder Hund — Tausendpfund.«

OLCHI-OPA TRÄGT EIN FALTBOOT ZUM SEEUFER. OLCHI-PAPA HÄLT IHN AUF: »BEIM MODRIGEN STINKERFURZ, MIT DEM BOOT KANNST DU DOCH NICHT MEHR INS WASSER! DAS HAT JA HUNDERT LÖCHER!« »NA UND?«, ENTGEGNET OLCHI-OPA. »DIE SIEHT DOCH KEINER, DIE SIND ALLE UNTER WASSER!«

Überlegt der amerikanische Milliardär: »Ich würde das Schloss ja kaufen, aber es soll hier spuken!« Der Schlossherr winkt ab: »Ich hab noch kein Gespenst gesehen und wohne schon über 600 Jahre hier!«

Olchi-Opa: »In meiner Jugend hab ich eine Wanderung durch die Antarktis gemacht. Als der Eisbär hinter mir her war, rettete ich mich in letzter Sekunde auf einen Baum!«
Olchi-Junge: »Aber in der Antarktis gibt es doch keine Bäume.«
Olchi-Opa: »In dem Moment war mir das egal!«

Zwei Indianer kommen an einem Cowboy-Grillplatz vorbei und schauen dem aufsteigenden Rauch zu. »Ich muss zugeben, es riecht leckerer als bei uns«, sagt der eine. »Schon«, sagt der andere, »aber es ergibt überhaupt keinen Sinn.«

Zwei Schneeflocken begegnen
sich auf ihrer Reise zur Erde.
»Wohin?«, fragt die eine.
»Nach Bayern zum Wintersport.
Und du?«
»Nach Norddeutschland –
Verkehrschaos verursachen!«

Olchi-Opa erzählt den Olchi-Kindern von seinen Abenteuern: »Vor 307 Jahren bin ich über das größte Müllgebirge der Welt geklettert. Dort gibt es eine berühmte Schlucht, in die jedes Jahr mindestens zehn Wanderer hinabstürzen.«
»Käsewurm und Krötenfurz, das ist ja entsetzlich!«, ruft das Olchi-Kind. »Warum macht man da kein Geländer hin?«
»Ja, das ist es ja. Je mehr da runterfallen, umso berühmter wird die Schlucht.«

Gehen eine Maus und ein Elefant über die Brücke, die über die berühmte Müllgebirgsschlucht führt. Fragt der Elefant: »Warum wackelt die Brücke denn so?« Sagt die Maus: »Ich habe heute meine schweren Stiefel an.«

Die Olchis düsen mit ihrem Drachen über Äcker und Wiesen. Plötzlich taucht unter ihnen ein großes Feld auf, wo ein Bauer mit seiner schweren Walze wie ein Wilder auf und ab fährt.
»Papa, warum macht der Bauer das?«, will das Olchi-Kind wissen.
»Er züchtet bestimmt Kartoffelbrei«, vermutet Olchi-Papa.

Die Maus und der Elefant gehen durch die Wüste. Die Maus ist froh, dass sie im Schatten des Elefanten gehen kann. Allmählich bekommt sie aber ein schlechtes Gewissen und meint: »Wir können ja mal tauschen, wenn es dir zu heiß wird!«

Die letzten Worte des U-Boot-Kapitäns: »Leute, wie das mieft. Hier müsste mal gelüftet werden ...«

Unterhalten sich zwei Dinosaurier vor fünfundsechzig Millionen Jahren.
»Jetzt sterben wir aus«, seufzt der eine traurig.
»Macht nichts«, tröstet der andere, »wir werden ja in Überraschungseiern wiedergeboren.«

»Papa, warum dreht sich die Erde eigentlich?«, fragt der Olchi-Junge.
Olchi-Papa guckt ihn erschrocken an:
»Zicke, zacke, Hühnerdreck! Hast du etwa von meinem Heizölwein getrunken?«

Eine Ameise und ein Elefant gehen im großen Fluss schwimmen. Der Elefant springt als Erster ins Wasser.
»He, komm zurück!«, ruft die Ameise.
»Was ist denn los?«
»Ich glaube, du hast meine Badehose an.«

Auf einer Kaffeefahrt geht eine ältere Dame zum Busfahrer vor und fragt ihn, ob er eine Handvoll Haselnüsse möchte. Sie sagt, sie hätte ihr Gebiss vergessen und könnte deshalb die Nüsse nicht essen. Der Fahrer nimmt dankend an. Später geht die alte Dame wieder zum Busfahrer und gibt ihm noch einmal eine Handvoll Nüsse. Das geht ein paarmal so weiter, bis der Busfahrer fragt: »Warum kaufen Sie sich Haselnüsse, wenn Sie die gar nicht essen können?«
Antwortet die alte Dame: »Ich esse doch so gerne Toffifee!«

Die Olchis wollen in einem Ruderboot den See überqueren. Olchi-Papa rudert wie ein Wahnsinniger. Nach einer Stunde fragt er schweißgebadet:
»Borstiger Schuppenwurz, ich kann nicht mehr! Sind wir jetzt immer noch nicht am anderen Ufer?«
»Nö«, sagt das Olchi-Kind. »Da musst du erst einmal den Kahn losbinden.«

»Das Herummuffeln macht so lausig schlapp«, sagt Olchi-Mama. »Ein bisschen Urlaub wäre nicht schlecht. Sollen wir nicht irgendwohin fliegen?«
»Wie wäre es mit Sicht«, schlägt Olchi-Papa vor.
»Noch nie gehört. Wo ist denn das?«
»Das muss ich noch rausfinden. Aber den Tipp habe ich aus dem Radio. Die haben gesagt: ›Schönes Wetter in Sicht.‹«

ZWEI GUMMIBOOTE SCHWIMMEN AUF DEM MEER.
RUFT DAS EINE DEM ANDEREN ZU:
»VORSICHT, DA KOMMT EIN HAIFISCHSCHSCHSCH...SCH...«

Ein Känguru hüpft durch die Wüste Australiens. Da schaut plötzlich ein Pinguin aus dem Beutel des Kängurus und schreit: »Blöder Schüleraustausch!«

> SAGT DER GLÜHWÜRMCHENARZT ZUM GLÜHWÜRMCHENMANN: »TUT MIR FURCHTBAR LEID. IHRER FRAU KONNTEN WIR NICHT MEHR HELFEN.«
> »WAS WAR ES DENN?«
> »ES WAR EIN KURZSCHLUSS!«

Die Olchis sausen auf dem Rücken von Feuerstuhl übers Land.
»Oberkäsig!«, ruft das Olchi-Kind. »Guckt mal, da unten sind ganz moderne Kühe!«
»Wieso denn modern?«, will Olchi-Mama wissen.
»Die liegen bequem auf der Wiese herum und tun nichts weiter als muffelig Kaugummi kauen.«

Fragt ein Folterknecht den anderen: »Wie viele hast du gerade im Verlies?« Sagt der andere: »35 und ein paar Zerquetschte.«

Der alte Olchi-Opa erzählt von früher: »Damals, vor 652 Jahren, hab ich eine Polarreise gemacht.« Die Olchi-Kinder schauen ihn mit ihren großen Glupschaugen an. »Fliegenschiss und Olchi-Furz, war es denn nicht furchtbar kalt?«, will das Olchi-Mädchen wissen. »Und ob«, gibt Olchi-Opa groß an. »Immer, wenn einer sprach, kamen die Worte als Eisstücke aus seinem Mund; erst nach dem Auftauen wusste man, was er gesagt hat.«

Zwei Fallschirmspringer sausen zur Erde hinunter. Der eine ist ein Profi, der andere ein Anfänger.
»Mensch!«, brüllt der Profi. »Öffne doch den Schirm!«
»Wieso?«, brüllt der Anfänger zurück. »Regnet es?«

Die Olchis haben einen Ausflug zum Meer unternommen. Erkundigt sich Olchi-Oma:
»Gibt es hier am Strand Seeigel, Quallen oder anderes Getier?«
»Nein, sei unbesorgt«, beruhigt sie der Olchi-Opa, »das fressen alles die Haie weg.«

Olchi-Opa: »Vor 238 Jahren war ich Holzfäller in der Wüste Gobi!«
Olchi-Mama: »Aber da sind ja gar keine Bäume.«
Olchi-Opa: »Eben, jetzt nicht mehr!«

**Der hungrige Tiger begegnet einem Ritter in voller Rüstung.
»Verdammt«, sagt der Tiger, »jetzt hab ich den Dosenöffner vergessen!«**

»Mami«, ruft die kleine Giraffe, die in eine Pfütze gestiegen ist, »ich habe mir die Füße nass gemacht. Bekomme ich jetzt Halsschmerzen?«
»Tja«, sagt Mama-Giraffe, »in einer Woche wissen wir's.«

OLCHIGE FRAGEN

Wer hat Zähne, kann aber nicht essen?
Der Reißverschluss.

Welcher Vogel muss sein Leben lang Junggeselle bleiben?
Der Wasserhahn. Es gibt nämlich keine Wasserhenne.

AUF WELCHE BÄUME KANN MAN NICHT KLETTERN?
Auf Purzelbäume.

Welche Flocken fallen nicht vom Himmel?
Die Haferflocken.

Was ist schwarz und weiß und rot?
Ein Pinguin mit Sonnenbrand.

Wie fängt man einen Affen?
Man hängt sich an einen Baum und ahmt das Geräusch einer Banane nach.

Die Olchi-Kinder stellen dem Olchi-Opa immer furchtbar viele Fragen: »Olchi-Opa, warum …«
Immer antwortet der Olchi-Opa: »Weiß ich nicht.«
Nach fünf Minuten sagt die Olchi-Mama: »Spotzteufel, fragt Olchi-Opa doch nicht immer solches Zeug!«
Daraufhin der Olchi-Opa: »Bei meinem krätzigen Stinkstiefel, Olchi-Mama, lass sie doch, sonst lernen sie ja nix.«

Was ist eine nutzlose Sache?
Wenn man einem Glatzkopf eine haarsträubende
Geschichte erzählt.

MIT WELCHER ANGEL KANN MAN KEINE FISCHE FANGEN?
Mit der Triangel.

Welche Tiere können höher springen als ein Wolkenkratzer?
Fast alle Tiere können das. Denn ein Wolkenkratzer kann überhaupt nicht springen.

Warum trinken Mäuse keinen Schnaps?
Weil sie Angst vor dem Kater haben.

Warum ist der Mond so bleich?
Weil er nachts nicht schlafen kann.

Was sieht aus wie ein weißes Pferd, ist aber doch kein Pferd?

Ein Zebra, das seinen Schlafanzug in der Reinigung hat.

Warum kann man Mäuse nicht melken?
Weil man den Melkeimer nicht darunterstellen kann.

WORAN ERKENNT MAN EINEN FREUNDLICHEN MOTORRADFAHRER?
An den vielen Fliegen zwischen den Zähnen.

Wie heißt das Reh mit Vornamen?
¡ndjəɟɟoʇɹɐʞ :ɥɔɐɟuıə zuɐƃ

Wie nennt ein Kannibale einen Skater?
Rollbraten!

Warum müssen Apotheker in einer Apotheke immer schleichen?
Damit sie die Schlaftabletten nicht aufwecken!

WAS IST UNSICHTBAR UND RIECHT NACH MÖHRCHEN?
Ein Kaninchenpups.

Was macht ein Kannibale aus einem Mediziner?
Einen Hotdoc.

Welches Tier kommt mit der wenigsten Nahrung aus?
Die Motte – sie frisst Löcher.

WARUM SIND FISCHE SO GLITSCHIG?

Damit sie beim

Um-die-Ecke-Schwimmen

nicht quietschen.

Warum sieht man nie Kängurus am Bahnhof?

Weil sie Angst vor Taschendieben haben.

Was ist, wenn man ein Stinktier mit einem Adler kreuzt?

Dann stinkt es zum Himmel.

Was hockt im Wald und schreit immer: »Aha«?

Ein Uhu mit einem Sprachfehler.

Wie heißt die Mehrzahl von Schweigen?
»Psssst!«

Welcher Wein wächst am Fuße des Vesuvs?
Glühwein.

WAS IST EIN MATROSE, DER SICH NICHT WÄSCHT?
Ein Meerschweinchen.

Warum ist in den Weltmeeren so viel Wasser?
Damit es nicht staubt, wenn die Schiffe bremsen.

Was bringt eine Eskimomutter ihren Kindern als Erstes bei?
»Esst nie den gelben Schnee!«

Was tut man, wenn man sich im brasilianischen Urwald verirrt hat, die Nacht hereinbricht und die Lebensmittel zu Ende sind?

Man holt die letzte Zigarette aus der Tasche, zündet sie an, macht einen Zug, setzt sich hinein und fährt nach Hause.

Wie entsteht Tau?
Wenn sich die Erde so schnell dreht, dass sie dabei ins Schwitzen kommt.

WARUM SITZEN SO VIELE SCHÜLER MIT GESENKTEM KOPF IN DER SCHULE?
Sie warten darauf, dass bei ihnen der Groschen fällt.

Was macht ein Jäger, wenn er aus Versehen eine Kuh erschießt?
Er legt ihr einen Hasen ins Maul und sagt, sie habe gewildert!

Wie nennt man einen Mann, der durch fremde Erdteile reist und durch unerforschte Wüsten zieht?
Einen Wüstling.

Warum sprechen die Kellner im FKK-Strandcafé immer so undeutlich?

Weil sie den Mund voller Wechselgeld haben. Wo sollten sie es auch sonst hintun?

Was ist ein Katalog?

Die Vergangenheitsform von »Ein Kater lügt«.

Weißt du, was passiert, wenn es blitzt?

Dann fotografiert der liebe Gott die Menschen.

Warum schnattern die Stare so viel, bevor sie auf ihre große Reise in den Süden gehen?

Vielleicht sagen die Staren-Mamis ihren Kindern, dass sie vor dem Flug noch mal aufs Klo gehen sollen.

DENKST DU, DASS FISCHE AUCH SCHLAFEN?

Natürlich, wozu gibt's denn sonst ein Flussbett?

Welches ist der Monat, in dem die Olchis am wenigsten Dummheiten machen?
Der Februar, der hat die wenigsten Tage!

Was ist der Unterschied zwischen einem langweiligen Buch und einem langweiligen Lehrer?

Das Buch kann man zuklappen.

Power Bällchen

fertig in: 40 Minuten | davon aktiv: 10 Minuten
vegetarisch | laktosefrei
52 kcal | 218 kJ

Datteln und Aprikosen fein hacken. Mit Haferflocken, Mandeln und Honig gut verkneten und Masse ca. 30 Minuten kalt stellen.

Chia-Samen auf einem tiefen Teller verteilen. Aus der Masse mit feuchten Händen 20 Bällchen formen, in Chia-Samen wälzen und servieren.

Für 20 Stück:

- 30 g getrocknete Datteln
- 30 g getrocknete Aprikosen
- 50 g zarte Haferflocken
- 50 g gemahlene Mandeln
- 50 g Honig
- 3 EL Chia-Samen

Die Power Bällchen geben dir zum Frühstück oder einfach zwischendurch einen schnellen Energiekick. Kühl gelagert sind sie ca. 1 Woche haltbar.